Kristine und
Karl Heinz Beelich

Pascal mit der Turtle

Programmieren von Mikrocomputern

Die Bände dieser Reihe geben den Benutzern von Heimcomputern, Hobbycomputern bzw. Personalcomputern über die Betriebsanleitung hinaus zusätzliche Anwendungshilfen. Der Leser findet wertvolle Informationen und Hinweise mit Beispielen zur optimalen Ausnutzung seines Gerätes, besonders auch im Hinblick auf die Entwicklung eigener Programme.

Bisher erschienene Bände

Band 1 **Einführung in BASIC**
von W. Schneider

Band 3 **BASIC für Fortgeschrittene**
von W. Schneider

Band 4 **Einführung in Pascal**
von W. Schneider

Band 6 **BASIC-Programmierbuch zu den grundlegenden Ablaufstrukturen der Datenverarbeitung**
von E. Kaier

Band 7 **Lehr- und Übungsbuch für Commodore-Volkscomputer**
von G. Oetzmann

Band 9 **Einführung in die Anwendung des Betriebssystems CP/M**
von W. Schneider

Band 10 **Datenstrukturen in Pascal und BASIC**
von D. Herrmann

Band 11 **Programmierprinzipien in BASIC und Pascal**
von D. Herrmann

Band 12 **Assembler-Programmierung von Mikroprozessoren (8080, 8085, Z 80) mit dem ZX Spectrum**
von P. Kahlig

Band 13 **Strukturiertes Programmieren in BASIC**
von W. Schneider

Band 14 **Logo-Programmierkurs für Commodore 64 Logo und Terrapin Logo (Apple II)**
von B. Schuppar

Band 15 **Entwerfen von Programmen**
von G. Oetzmann

Band 16 **Einführung in die Anwendung des Betriebssystems MS-DOS**
von W. Schneider

Band 17 **Einführung in die Anwendung des UCSD p-Systems**
von K. Buckner / M. J. Cookson / A. I. Hinxman / A. Tate

Band 18 **Mikrocomputer-COBOL**
von W. Kähler

Band 19 **Fortgeschrittene Programmiertechniken in Turbo Pascal**
von E. Hering und K. Scheurer

Band 22 **Einführung in Turbo Pascal unter CP/M 80**
von G. Harbeck

Band 23 **Pascal mit der Turtle**
von K. und K. H. Beelich

Programmieren von Mikrocomputern Band 23

Kristine und Karl Heinz Beelich

Pascal mit der Turtle

Einführung in die Anwendung von UCSD-Pascal

Mit 78 Bildern, 24 Programmen und Übungen

Friedr. Vieweg & Sohn Braunschweig / Wiesbaden

CIP-Kurztitelaufnahme der Deutschen Bibliothek

Beelich, Kristine:
Pascal mit der Turtle: Einf. in d. Anwendung von
UCSD-Pascal / Kristine u. Karl Heinz Beelich. –
Braunschweig; Wiesbaden: Vieweg, 1986.
(Programmieren von Microcomputern; Bd. 23)
ISBN 978-3-528-04417-6 ISBN 978-3-322-86041-5 (eBook)
DOI 10.1007/978-3-322-86041-5
NE: Beelich, Karl Heinz:; GT

1986

ISBN-13: 978-3-528-04417-6

Inhaltsverzeichnis

1 Der Einstieg in das Trainingsbuch

1.1 Grundsätzliches zum Trainingsbuch

Das Buch ist das Ergebnis eines ständigen Auseinandersetzens mit den Problemen des Lernens mit der Programmiersprache. In mehreren Pascal-Seminaren mit Teilnehmern unterschiedlicher Altersgruppen stand neben dem Einstieg in das Programmieren mit Pascal das selbsttätige Handeln am Gerät (PC, Mikrocomputer) im Vordergrund. Diese Teilnehmer erlernten anhand der Syntaxdiagramme die Pascal-Programmierung und wendeten dies an zielorientierten Beispielen unmittelbar an.
So ist es ein Anliegen des Buchs, das selbsttätige Arbeiten (Selbsterfahrungslernen) durch den ständigen Übungseffekt mit einer Vielzahl von Übungen bewußt zu motivieren. Dies wird außerdem durch ein Konzept der kleinen Schritte wesentlich unterstützt. Als vorteilhaft wurde erkannt, daß die Motivation und das Verstehen beim Anwender durch die grafischen Fähigkeiten des Apple Pascal Systems zu fördern sind. Der Anwender erkennt mit den Übungen, daß hierbei die einzelnen Elemente selten vollständig, sondern vom Umfang her im Sinne des Anwendens behandelt werden. So werden dem Anwender mit den Programmbeispielen grafische Darstellungen gezeigt, die auf dem Grafik-Paket des Apple Pascal Systems basieren. In diesen Fällen wird auf die 'UNIT TURTLEGRAPHICS' der Programm-Bibliothek (SYSTEM.LIBRARY, vgl. A3) zurückgegriffen. Diese Programmbibliothek ist auf den Apple Pascal System Disketten /32/ enthalten.
In den Pascal-Seminaren waren jedoch auch Teilnehmer vertreten, die andere Pascalversionen (Oxford-Pascal, Turbo-Pascal u.a.) einsetzten. Für diese Teilnehmer bestand die Aufgabe darin, die auf ihre implementierte Pascalversion bezogenen Elemente mit denen vorliegender Buchkapitel zu vergleichen. Da diese Aufgabe reizte, waren die Unterschiede in keinem Fall ein Hindernis. Teilnehmer von 13 bis 65 saßen an ihren Geräten und erlernten die Pascal-Programmierung in Lerneinheiten (vgl. Buchkapitel). Hierbei bestand die Aufgabe nicht darin, Programme über den Editor in das System einzutippen. Die Aufgabe war vielmehr, ausgehend von vorhandenen überschaubaren Programmbeispielen durch Verändern die Pascal-Programmiersprache zu begreifen und anzuwenden. Damit dieser Vorgang nicht nur mit Grafik-Beispielen trainiert wird, ist das Gelernte innerhalb der Lerneinheit auf Zeichenketten zu übertragen. Wie bereits erwähnt, müssen die verwendeten

Pascalversionen über eingebaute Prozeduren und Funktionen verfügen. Die Übungen in diesem Buch befassen sich mit dem Verarbeiten von Strichzeichnungen und Zeichenketten, wobei insbesondere die ersten Kapitel sich mit dem Grafik-Paket beschäftigen, während Zeichenketten in diesen Kapiteln nur teilweise jedoch im Kapitel 6 umfassend behandelt werden.
Erste Übungen sollen Sie mit dem Pascal-Betriebssystem vertrautmachen. Mit den ins Detail gehenden Lösungsvorschlägen sollen Sie zunächst mit dem Betriebssytem arbeiten. In den weiteren Übungen wird auf bereits Gelerntes zurückgegriffen, d.h. die Informationen sind weitgehend auf das Wesentliche begrenzt. Trotzdem ist ein Einstieg in jedes Kapitel möglich, wenn die zusammenfassenden Darstellungen vorheriger Kapitel zur Vorinformation gelesen und verstanden werden.

1.2 Das Apple Pascal Betriebssystem kurzgefaßt /32,34,35/

Bevor Sie weiterlesen: Dies gilt für zwei Diskettenlaufwerke.

- Was benötigen Sie zum Trainieren mit diesem Buch ?
  Lade-(Boot-)Diskette für Laufwerk 1 (#4:)
  Arbeitsdiskette für Laufwerk 2 (#5:)
  und die Geräte-Konfiguration :
  - 48K Apple Computer mit installierter Language Card
  - Diskettenlaufwerke
  - Monitor
  - Language-System Disketten : APPLE0:, APPLE1:, APPLE2:, APPLE3: /32/
  - mindestens vier leere Disketten (auch unformatiert)
- Was ist Ihre Aufgabe ?
- Ladediskette (z.B. APPLE1:) in Laufwerk 1 und Arbeitsdiskette (wie z.B. APPLE3: oder PAKUDA1:, die Programmdiskette zu diesem Trainingsbuch) in Laufwerk 2 legen (Wichtig: Disketten gut und sorgfältig behandeln!)
- Türen der Laufwerke schließen und das Gerät, den Apple, einschalten
- Was erscheint nun auf dem Bildschirm ?
- Haupt-Kommandozeile:
  >COMMAND: E(dit, R(un, F(ile, C(omp, L(ink, X(ecute, A(ssem, D(ebug, ?
- Begrüßungszeile mit Hinweisen auf das Pascal-System
- Datum der letzten Benutzung (Ändern über Diskettenverwaltungsmenü)
- Copyright-Zeile

Drücken Sie nun (RETURN), und die Haupt-Kommandozeile steht allein in der obersten Bildschirmzeile. Mit den einzelnen Befehlen gelangen Sie auf weitere Kommandoebenen (wie z.B. E(ditor, F(iler) oder in andere Ausführungssysteme (wie z.B. X(ecute, R(un,...).

- Haben Sie bereits Sicherungskopien Ihrer System-Disketten angefertigt ?
  - -Ja- Überlesen Sie die drei folgenden Fragen.
  - -Nein- Lesen Sie weiter, und werden Sie unmittelbar aktiv.
- Warum machen wir Sicherungskopien ? Überlegen Sie bitte einmal.

Was ist mit Ihrem System, wenn Sie eine der vier System-Disketten verlieren oder beschädigen ? Richtig. Nichts geht mehr.
Also : Sicherungskopien als Reserven anfertigen.

- Was haben Sie vor dem Kopieren zu tun ?

Eine frisch aus der Packung entnommene Diskette ist zu formatieren, damit das Pascal-System mit ihr arbeiten kann. Dazu können Sie das Serviceprogramm 'FORMATTER.CODE' von der Diskette APPLE3: verwenden.

- Wie gehen Sie nun vor ?

> Übung 1.1

Sie befinden sich in der Haupt-Kommandozeile. Gehen Sie schrittweise vor:
- Diskette APPLE3: ins Laufwerk 2 legen und Laufwerktür schließen
- X(ecute, d.h. X drücken

Die Frage: Execute what file? mit APPLE3:FORMATTER (RETURN) beantworten.
Auf dem Bildschirm erscheint:

```
APPLE DISK FORMATTER PROGRAM

FORMAT WHICH DISK (4, 5, 9..12) ?
```

- APPLE3:-Diskette aus dem Laufwerk 2 entnehmen
- Leere Diskette ins Laufwerk 2 einlegen
- Da Laufwerk 2 im Pascal-System mit #5: benannt ist, 5 (RETURN) drücken.

Wenn vergessen wurde, eine Programm-Diskette zu entnehmen, wird gewarnt:

```
DESTROY DIRECTORY OF APPLE3
```

Antworten Sie mit N(o, wird diese Diskette nicht gelöscht. In Ihrem Laufwerk ist aber eine unformatierte Diskette. Das Programm meldet nach Y(es

```
NOW FORMATTING DISKETTE IN DRIVE 5
```

Nach etwa 27 Sekunden sehen Sie wieder die Frage:

FORMAT WHICH DISK (4, 5, 9..12) ?

Der Vorgang ist mit weiteren Disketten zu wiederholen (mindestens vier formatierte Disketten sind notwendig) oder einfach mit (RETURN) zu beenden. Das Programm verabschiedet sich mit

THAT'S ALL FOLKS...

und die Haupt-Kommandozeile ist wieder zu sehen.
Das Kopieren erlernen Sie in den folgenden Übungen zum Filer.
Weitere Kommandos (Befehle) der Haupt-Kommandozeile werden an der jeweiligen Stelle erläutert. Wollen Sie diese Kommandos sofort kennenlernen, gehen Sie über das Sachwortverzeichnis dorthin oder lesen Sie im Manual zum Apple Pascal Betriebssystem /34,35/ mehr darüber.

Doch zuvor zwei Betriebssystem-Kommandos nur kurz erklärt :

1.3 E(DITOR

Vorhandene Arbeitsdatei (SYSTEM.WRK.TEXT auf Ladediskette) wird automatisch gelesen und kann sofort ediert werden. Wenn dieser Workfile nicht vorhanden ist, dann müssen Sie eine andere Datei angeben oder eine neue Datei eröffnen. Im Editor können Sie z.B.

- Texte einfügen, ändern, löschen
- Worte suchen, evtl. durch andere ersetzen
- Dateien kombinieren

Beim Verlassen des Editors kann der edierte Text als Arbeitsdatei oder als beliebige andere Datei abgespeichert werden. Mehr über den Editor erfahren Sie im Demotext EDI.DOC.TEXT im Kapitel A1: Programm-Beispiele.

1.4 F(ILER

Der Filer (die Diskettenverwaltungsebene) enthält Kommandos zum Abspeichern, Lesen, Transportieren und Löschen der Arbeits- und anderer Dateien. Zusätzlich Kommandos sind: Informationen über angeschlossene logische Einheiten, deren Zustand und gespeicherte Dateien zeigen oder Übertragungs- und Gerätefehler feststellen.

Diese Befehle lernen Sie natürlich am schnellsten durch ständiges Anwenden und Üben. Und jetzt geht's los, also auf in den Filer.

- Was bietet uns der Filer ?

- Um in den F(iler zu gelangen, drücken Sie nun F.
  Auf dem Bildschirm erscheinen die Befehle dieser Disketten-Verwaltungs-Ebene

  FILER: G, S, N, L, R, C, T, D, Q [1.1] oder

  FILER: G(et, S(ave, N(ew, L(dir, R(em, C(hng, T(rans, D(ate,
  Q(uit [1.1]

  und nach dem Umschalten mit '?' sehen Sie

  FILER: W, B, E, K, M, P, V, X, Z [1.1] oder

  FILER: W(hat, B(ad-blks, E(xt-dir, K(rnch, M(ake, P(refix,
  V(ols, X(amine, Z(ero [1.1]

Also das vollständige Menü des Filers.
Erschrecken Sie nicht. Sie lernen das Befehlspaket des Filers nicht sofort, sondern in den folgenden Übungen allmählich kennen. Dies anfangs nur soweit, wie es das Arbeiten mit dem Filer erforderlich macht. Wünschen Sie eine umfassende Information, dann lesen Sie im Manual zum Apple Pascal Betriebssystem /34,35/ nach.

▷ Übung 1.2

Übungen mit dem FILER (vgl. A2: Betriebssystem) sind im einzelnen:

- Kopien der Disketten anfertigen

Als erstes erzeugen Sie Sicherungskopien. Im Filer drücken Sie T(ransfer. Nun legen Sie die zu kopierende Diskette (APPLE1: bzw. APPLE3:) ins Laufwerk 1 und die leere, formatierte Diskette ins Laufwerk 2. Auf die Frage Transfer ? antworten Sie mit APPLE1: oder APPLE3: (RETURN). Der ':' zeigt dem Betriebssystem, daß es sich um eine Diskette handelt, also ':' nie nach dem Disketten-Namen vergessen. Auf To where ? schreiben Sie BLANK:. Jede neu formatierte, also namenlose Diskette bekommt automatisch vom Computer den Namen BLANK: zugewiesen. Damit Sie die gesamten Files der Diskette im Laufwerk 1 auf die BLANK:-Diskette im Laufwerk 2 übertragen, drücken Sie nun auf die Frage Transfer 280 blocks ? (Y/N) Y für Yes (280 blocks bedeutet 'die gesamte Diskette'). Nach Destroy BLANK: ? Y eingeben, damit auch der Name der Diskette im Laufwerk 1 (APPLE1: bzw. APPLE3:) von der anderen Diskette (Laufwerk 2) übernommen wird.

Beachten Sie:

Die Disketten in beiden Laufwerken sollten stets verschiedene Namen besitzen, damit Sie Fehlermeldungen und Ärger vermeiden. Für das weitere Arbeiten lassen Sie die Ladediskette APPLE1: immer im Laufwerk 1 und geben eine leere formatierte Diskette ins Laufwerk 2, wenn nicht nach Angabe APPLE3: im Laufwerk 2 benutzt werden soll.

• Angeschlossene Geräte und ihre Nummer (on-line) werden durch Drücken von V(olumes angegeben. Folgender Ausdruck erscheint auf dem Bildschirm:

```
Vols on-line
1  CONSOLE:          (Bildschirm)
2  SYSTERM:          (Tastatur)
4# APPLE1:           (# bedeutet: Diskette APPLE1: im Laufwerk 1)
5# BLANK:            (Diskette BLANK: im Laufwerk 2)
6  PRINTER:          (Drucker)
Root vol is - APPLE1:
Prefix      - APPLE1:
```

• Aktuelles Datum eingeben über D(ate

Date set: (1..31)-(Jan..Dec)-(00..99)
Today ist 21-Jan-86
New date ?
Nach der Eingabe des neuen Datums wird es in dieser Zeile angezeigt.

• Inhalt einer Diskette auflisten L(ist Directory

Bei Dir listing of ? mit #4: (RETURN) antworten und nun erscheint:

- die Diskettenbezeichnung (Laufwerk 1) und die auf ihr befindlichen Files mit ihren belegten Plätzen und ihrem aktuellen Datum
- die Angabe der vorhandenen Files und der bereits belegten Blöcke

• Ausführliches Auflisten durch E(xtended Dir List

Sie sehen dann auf dem Bildschirm zusätzlich folgende Angaben:

- die Anfangsadressen der Dateien und
- den Dateityp wie Data, Text, Code oder andere

• Dateien von einer Diskette auf eine andere Diskette übertragen oder auf den Drucker (PRINTER:), aber auch auf den Monitor (CONSOLE:) schicken.

Drücken Sie nun T(ransfer. Mit APPLE3: im Laufwerk 2, auf der sich der Textfile "LINEFEED.TEXT" befindet, geben Sie nach der Frage Transfer ? #5:LINEFEED.TEXT ein. Nach der folgenden Frage To where ? antworten Sie mit CONSOLE:, kurz danach sehen Sie die Textzeilen dieses Programms auf dem Bildschirm. Als unterste Zeile lesen Sie APPLE3: LINEFEED.TEXT --) CONSOLE:. Setzen Sie anstelle CONSOLE: den PRINTER: ein, so wird bei angeschlossenem Drucker der Programmtext ausgedruckt.

- Disketten- oder Filenamen ändern mit C(hange

Auf die Frage Change ? ist der Name der zu ändernden Diskette (z.B. BLANK: (RETURN)) einzugeben. Auf die folgende Frage Change to what ? mit dem neuen Namen antworten (z.B. TEST: (RETURN)). Nach kurzem Diskettenlauf wird auf dem Bildschirm gemeldet:

BLANK: --> TEST:

Beim Ändern der Filenamen wird der Vorgang wie folgt ablaufen :

Change ? APPLE3:CALC.TEXT
Change to what ? APPLE3:CALCUL.TEXT

Es erscheint :

APPLE3:CALC.TEXT --> APPLE3:CALCUL.TEXT

- Datei aus dem Datei-Verzeichnis löschen mit R(emove

Auf die Frage Remove ? geben Sie die Laufwerk-Nr. (wie z.B. #5:) und den Dateinamen (wie z.B. SPIEL.TEXT) ein. Nach dem (RETURN) ist auf dem Bildschirm zu sehen:

APPLE1: SPIEL.TEXT --> removed
Update directory ?

Geben Sie N(o ein, wird dieser Löschvorgang abgebrochen. Antworten Sie mit Y(es, dann wird die Datei im Inhaltsverzeichnis gelöscht. Das Programm aber ist noch vorhanden. Durch Service-Programme ist es möglich, dieses Programm wieder zu aktivieren.

- Filer durch Q(uit verlassen, d.h. in die Haupt-Kommando-Ebene zurückkehren.

In zwei weiteren Übungen starten Sie ein bereits compiliertes Programm (einen Codefile) mit X(ecute und mit R(un einen Textfile, der zuerst compiliert werden muß. Dies sind Befehle der Haupt-Kommandozeile. Sie haben diese Befehle bereits beim Laden des Systems kennengelernt (vgl. 1.2).

1.5 Ein erstes Programm mit X(ecute starten

Übung 1.3

Aufgabe: Grundrechen-Aufgaben mit dem Service-Programm 'CALC.CODE' lösen
Mit dem Programm "CALC" (APPLE3:, /32/) führen Sie die Grundrechenarten (Operatoren: +, -, *, /) mit rationalen Zahlen durch. Die Ergebnisse werden in Exponential-Darstellung (z.B. bei 3 + 7 = 1.00000E1) ausgegeben.
Geben Sie in der Haupt-Kommando-Ebene X für X(ecute ein. Jetzt werden Sie nach einer Code-Datei (Dateiname mit dem Suffix '.CODE') gefragt, also mit: Execute what file ? und Sie geben APPLE3:CALC ein (Diskette APPLE3: befindet sich im Laufwerk 2). Aufgerufen wird nun das Programm 'CALC.CODE', das wir sogleich testen wollen. Der Cursor steht hinter einem Pfeil. Sie geben folgende Beispiele oder andere Operationen nach eigener Wahl ein. An einigen Beispielen erkennen Sie die Meldungen auf eine falsche Eingabe.

Beispiele	Es erscheint:
-> (2+3)*4	2.00000E1
-> 5/0	Division by zero : Try Again
-> 45*-2	'(' missing : Try Again
-> 3^2	Illegal Symbol : Try Again
-> E	2.71828
-> 2*E	5.43656
-> (RETURN)	in Command-Zeile zurückkehren

Dies sind nur einige Beispiele zum Einstieg. Sie testen natürlich noch weitere Möglichkeiten dieses Programms.

1.6 Starten von Programmen mit R(un

Mit diesem Befehl wird eine CODE-Arbeitsdatei (SYSTEM.WRK.CODE) unmittelbar gestartet. Liegt der Codefile nicht vor (sondern nur ein Textfile), wird vor dem Programmlauf erst der Compiler aufgerufen.
Wenden Sie diese Routine der Hauptkommandozeile sogleich in der Übung 1.4 an.

Übung 1.4

Aufgabe: Sortier- und Grafikprogramm 'TREE' /32/ anwenden

Textdatei auf der Arbeitsdiskette (APPLE3: oder #5:) in eine Arbeitsdatei überführen. Also in den F(iler gehen und mit G(et die gewünschte Textdatei aufrufen; nach Get ? APPLE3:TREE eingeben. Nach kurzem Diskettenlauf erscheint: Text & Code file loaded (das Programm ist geladen). Mit Q(uit gehen Sie zurück in die Haupt-Kommando-Ebene und drücken dann R(un.
Das Programm wird gestartet, d.h. Running..., und kurz danach werden Sie zur Eingabe aufgefordert. Nach der Aufforderung ENTER WORD: geben Sie beispielsweise Vornamen (wie z.B. Martin) ein.
Auf dem Bildschirm sehen Sie danach:

```
ENTER WORD: MARTIN
THE WORDS IN ORDER ARE:
MARTIN
```

Nach (RETURN) erkennen Sie auf dem Grafik-Bildschirm den Anfang von einem nicht-balancierten Binärbaum. Ein erneutes (RETURN) führt in den Textmodus zurück und zur Aufforderung ENTER WORD:. Geben Sie einen weiteren Namen (z.B. Renate) ein. Nach dem (RETURN) erhalten Sie die alphabetisch sortierte Auflistung und nach erneutem (RETURN) die Fortsetzung im Binärbaum. Zum Sortieren werden nur die ersten sechs Zeichen verwendet. Wiederholte Eingaben sortieren die Namen ebenso alphabetisch und bauen den Binärbaum weiter auf. Nach der Eingabe des dritten Vornamens sehen Sie im Textmodus den linken Ausdruck und auf dem Grafik-Bildschirm den Binärbaum rechts.

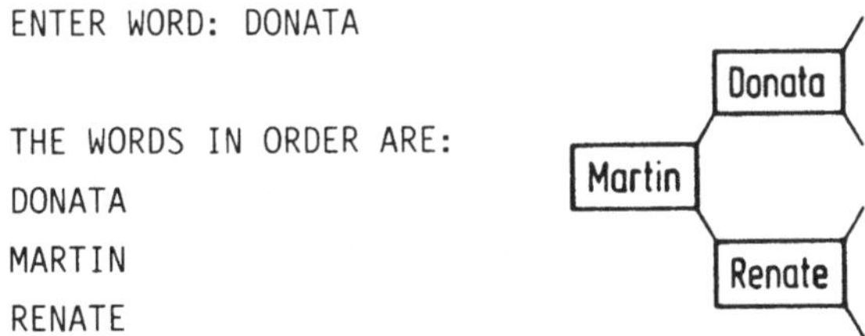

Noch einige Bemerkungen zum Binärbaum:
Die Rechtecke sind Knoten des Binärbaums. Jeder Knoten besitzt natürlich zwei Zeiger, die auf weitere Knoten zeigen. Hierbei weist der obere Zeiger auf Knoten, die alphabetisch vor ihm liegen, während der untere Zeiger auf Knoten gerichtet ist, die alphabetisch nach ihm angeordnet sind. Machen Sie sich die Struktur am Stammbaum eines Menschens klar. Jeder Mensch als Knoten dargestellt hat ein Elternpaar.

Mit (RETURN) nach <u>ENTER WORD:</u> wird das Programm mit THAT'S ALL FOLKS... beendet. Sie sind wieder in der Haupt-Kommandozeile. Wiederholen Sie diese Übung. Verwenden Sie das Service-Programm BALANCED von der Diskette APPLE3:. Nun wird ein ausgeglichener Binärbaum abgebildet.

1.7 E(ditor zum Erstellen von Programmen einsetzen

Wie bereits vorher kurz ausgeführt, dient der Editor zum
- Texte einfügen, ändern, löschen
- Worte suchen, evtl. durch andere ersetzen, usw.

▷ <u>Übung 1.5</u>

<u>Aufgabe:</u> Das Befehlspaket des Editors mit dem Demotext "EDI.DOC.TEXT" kennenlernen und anwenden.
Diesen Text finden Sie im Kapitel A1: Programm-Beispiele oder auf unserer PAKUDA1:-Diskette (Diskette zum PAscal KUrs DArmstadt zusätzlich zum Buch erhältlich). Sollten Sie die PAKUDA1:-Diskette besitzen, dann holen Sie dieses Programm über <u>G</u>(et (Befehl im Filer) in den <u>E</u>(ditor (Befehl in der Haupt-Kommandozeile). Arbeiten Sie diesen Text intensiv durch, indem Sie im Editor die einzelnen Befehle so ausführen, wie es im Text beschrieben wird. Bestimmt erkennen Sie, wie hilfreich der Editor als Textverarbeitungssystem selbst für Ihre persönliche Korrespondenz ist.

1.8 Zusammenfassende Darstellung

Wesentliches Merkmal dieses Buchs soll das selbsttätige Programmieren sein. Hierzu werden neben kurzgefaßten Darstellungen zum Apple Pascal Betriebssystem erste Übungen mit diesem System durchgeführt. Der Einsteiger sollte diese Übungen intensiv bearbeiten, da sie Grundlage für das Edieren und Verwalten der Pascal-Programme sind. In den folgenden Kapiteln wird dann auf bereits Gelerntes nur stichwortartig verwiesen.
Obwohl die Ausführungen auf dem Apple Pascal System basieren, lassen sie sich ohne Schwierigkeiten auf andere Systeme übertragen. Hierzu helfen die Handbücher zum jeweiligem Betriebssystem wie z.B. /34,35/.
In den folgenden Kapiteln geben Sie im Editor Programme ein, mit denen Sie sich schrittweise in die Pascal-Programmiersprache einarbeiten. Hierbei lernen Sie weitere Befehle des Pascal-Betriebssystems kennen. Insbesondere die Befehle, die Sie unmittelbar bei der jeweiligen Übung benötigen.

2 Aufbau einfacher Programme

2.1 Grundgedanken zum Programmieren

Ein Programm ist eine Folge von Befehlen (ausführbare Anweisungen), die mit dem Abarbeiten durch den Computer zu einem genau bestimmten Ergebnis führen. Der Computer umfaßt eine begrenzte Anzahl verschiedener Befehle, die beim Compilieren in einem Binärcode, d.h. als Folge von Nullen und Einsen, dargestellt werden müssen. In binärer Form geschriebene Programme sind für die meisten Anwender sehr schwierig und zeitraubend zu schreiben und zu lesen. Programmiersprachen erleichtern das Erstellen von Programmen. Mit der Programmiersprache übergibt der Programmierer seine zu lösende Aufgabe dem Computer in einer Folge unverwechselbarer Befehle.
Prinzipiell sind zwei verschiedene Arten von Programmiersprachen zu unterscheiden: Assemblersprachen und höhere Programmiersprachen.
Eine Assemblersprache ist eine symbolische Darstellung der binären Befehle, die der Computer versteht. Vom Programmierer fordert sie, daß er interne Register und bis ins einzelne ausgeführte interne Operationen des Computers vorschreiben muß.
Die Anweisungen der höheren Programmiersprachen werden durch einen besonderen Übersetzungsmechanismus in Folgen von binären Befehlen übertragen, die der Computer verstehen kann. Solche Interpreter oder Übersetzer (Compiler) funktionieren, wenn Regeln und Prinzipien der Programmiersprache genau befolgt werden (Syntax der Programmiersprache).

2.2 Vergleich von Programmiersprachen und deren Abwandlungen

<u>FORTRAN</u>

Eine frühe Programmiersprache, die im Laufe der Zeit um eine Vielzahl von Möglichkeiten erweitert wurde, die zwar nützlich sind, deren Einsatz aber für den Einstieg nicht leicht erlernbar ist. Besonders im wissenschaftlichen Bereich wird sie verwendet.

<u>BASIC</u>

Eine Programmiersprache, die aus dem Versuch entstanden ist, eine einfach erlernbare und interaktiv (im Dialog mit dem Benutzer) verwendbare Sprache zu entwickeln. Sie ist einfach zu implementieren und belegt wenig Speicherplatz. Aufgrund ihrer Syntax erzieht sie nicht zum strukturierten Programmieren, vielmehr ist bei umfangreicheren Programmen eine Art 'Spaghetti-Technik' zu beobachten. Es gibt jedoch auch hier genügend Ansätze, das strukturierte Programmieren mit BASIC zu erzwingen.

ALGOL

Als Ergebnis der Bemühungen entstanden, neben FORTRAN eine Sprache zu schaffen, die in sich geschlossen und besonders zur Verarbeitung komplexer Algorithmen geeignet sein soll. Sie ist schwierig zu erlernen und ebenso schwierig auf einem Computer zu implementieren.

PASCAL

Diese höhere Programmiersprache ist von Niklaus Wirth /12,28,29/ entwickelt worden, um das Übertragen von Algorithmen in Programme zu vereinfachen und um komplexe Datenstrukturen aufzubauen und wiederzugeben. Pascal ist das Ergebnis der Suche nach einer Programmiersprache, die vollständig und doch leicht zu lernen und einfach auf einem Computer implementierbar sein sollte. Aufgrund ihres blockstrukturierten Aufbaus wird ein modulares Programmieren erzwungen, d.h. jede Teilaufgabe und jede zusammengehörende Gruppe von Schritten (Anweisungen) ist in einen Pascal-Baustein, einen Programm-Modul, zu übersetzen. Solche Moduln sind u.a. Funktionen und Prozeduren. Alle Bemühungen zum Vereinheitlichen führten auch hier nicht zu einem allgemeingültigen Standard Pascal. Neue Implementationen veränderten diese Programmiersprache, indem neue Eigenschaften hinzugefügt und nicht ganz eindeutig definierte Operationen in verschiedener Weise aufgefaßt wurden.
Bezogen auf dieses Buch sei ausgeführt: Zunächst sollte stets Standard-Pascal nach N.Wirth erlernt werden. Zusätzliche Eigenschaften und Unterschiede zur gerade benutzten Implementation (wie z.B. UCSD-Pascal/12,30/ oder Apple Pascal/15,32..36/) sind anzuwenden.

2.3 Grundgedanken zum Aufbau von Pascal-Programmen

Pascal anwenden, heißt: die Syntax genau kennen und sie ohne 'Wenn und Aber' auf die eigenen Programme übertragen. Nur so versteht der Compiler das von Ihnen erstellte Programm (ein Textfile, Quelltext) und compiliert es in einen Codefile ohne Fehlermeldung. Auf diese Weise übertragen wir den Quelltext in einen Objektcode. Die Syntaxregeln der Programmiersprache werden in den nun folgenden Syntaxdiagrammen beschrieben. In den Syntaxdiagrammen werden hinsichtlich der Sprachelemente zwei Gruppen unterschieden:

- Terminale

sind Sprachelemente, die nicht weiter abgeleitet werden müssen. Ihre grafischen Beschreibungselemente sind Ovale oder Kreise. Von Terminalen wird gesprochen bei Pascal-Wortsymbolen (reservierte Wörter), bei Sonderzeichen (wie z.B. ; /) und bei zusammengesetzten Symbolen (:=). Der Programmierer schreibt sie nur ab, wenn er sein Programm über Syntaxdiagramme entwickelt. Die reservierten Wörter werden üblicherweise in Großbuchstaben dargestellt.

- Nichtterminale

sind Sprachelemente, für die weitere Syntaxdiagramme existieren. Im Syntaxdiagramm sind sie durch ein Rechteck zu erkennen. Gelangt der Programmierer an ein derartiges Nichtterminal, dann geht er zum Syntaxdiagramm mit angegebenem Namen. Findet er in diesem Diagramm Terminale, kann er sie unmittelbar abschreiben, bei Nichtterminalen jedoch verfeinert er solange bis Terminale vorliegen.

Die Beschreibungselemente für Terminale und Nichtterminale sind im Syntaxdiagramm durch Linien verbunden. Die Pfeile geben eine mögliche Laufrichtung an. Die Struktur der Syntaxdiagramme entsteht durch Verzweigen, Verknüpfen und Wiederholen. Der Compiler geht in Folge dieser Syntax beim Übersetzen in den Objektcode (p-Code) das als Quelltext vorhandene Programm durch. Jedes Pascal-Programm muß exakt den in der Syntax festgelegten Regeln folgen, um Fehlermeldungen zu vermeiden. Bevor Sie die Syntaxdiagramme beim Programmieren anwenden, behandeln wir die Grundstruktur der Pascalprogramme, wobei gleichzeitig die dazugehörenden Syntaxdiagramme beschrieben werden.

2.4 Programmkopf und Programmblock

Jedes Pascalprogramm besteht aus Programmkopf, Programmblock und abschließendem Punkt, Bild 2.1.

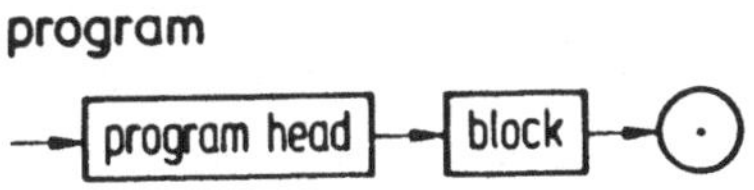

program

→ [program head] → [block] → (.)

Bild 2.1

2.4.1. Programmkopf

Der Pascal-Programmkopf enthält das Pascal-Programme einleitende reservierte Wortsymbol PROGRAM, gefolgt vom Namen des Programms und einer Liste externer Dateien, mit denen das Programm arbeitet, Bild 2.2. Beim Apple Pascal sind die externen Dateien ('input', 'output') vorbelegt, d.h. nicht unbedingt anzugeben. Der Programmkopf darf beim Apple Pascal sogar ganz fehlen. Für den Compiler heißt dann das Programm "PROGRAM".

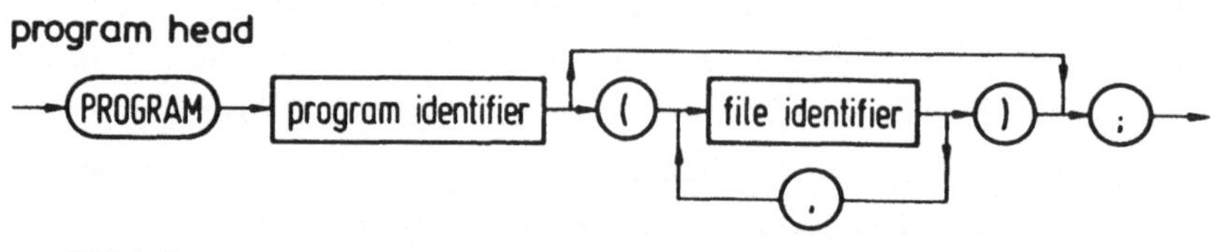

Bild 2.2

Programm- ('program identifier') und Dateinamen ('file identifier') werden nach den Regeln eines Bezeichners ('identifier') gebildet, Bild 2.3.

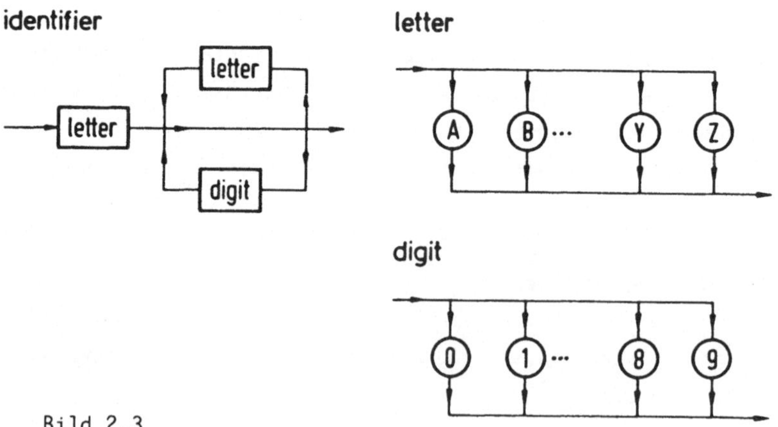

Bild 2.3

Das erste Zeichen muß stets ein Buchstabe (A..Z und a..z) sein. Die Ziffern sind 0..9. Namen aus der Gruppe der reservierten Wörter sind nicht erlaubt. Vordefinierte Bezeichner (Terminale) und Bezeichner aus den Units der Programm-Bibliothek (SYSTEM.LIBRARY, vgl. A3) sind möglichst hier zu vermeiden. Der Name der abzuspeichernden Datei ist unabhängig vom Programmbezeichner frei wählbar.

Beispiele: PROGRAM Test (input, output);
PROGRAM Kreis;
PROGRAM L2_Grafl; (* Das Unterstrich-Zeichen ist als Bezeichner beim Apple Pascal erlaubt *)

Das Semikolon als Abschluß der Programmkopfzeile darf nie vergessen werden, sonst erhalten Sie beim Compilieren eine Fehlermeldung.

2.4.2 Programmblock

Der Pascal-Programmblock, Bild 2.4, ist zu unterteilen in
- einen Deklarations-/Vereinbarungsteil ('declaration part'), in dem alle zum Programm gehörenden Teile definiert werden. Wie im Syntaxdiagramm zu erkennen, ist dieser Teil nicht immer nötig. Die verschiedenen Beispiele im 2. Kapitel zeigen dies ebenfalls.
- einen Anweisungsteil ('statement part'), der alle Anweisungen zum Ausführen des Programms enthält.

block

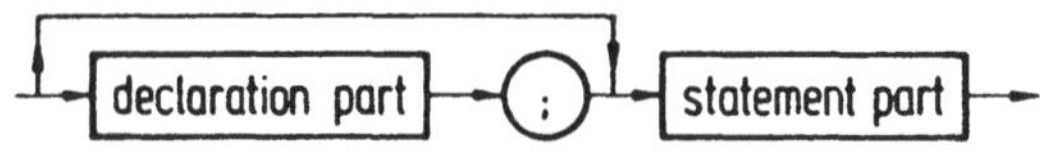

Bild 2.4

Vereinbarungs-/Deklarationsteil

Dieser Teil eines Blocks vereinbart alle Bezeichner ('identifier'), die im Anweisungsteil des Programm-Blocks benutzt werden. Er ist in fünf unterschiedliche Abschnitte eingeteilt:

- Label	Deklaration	(vgl. 5.4.2)
- Konstanten	Definition	(vgl. 4.5.2)
- Typen	Definition	(vgl. 4.5.1)
- Variablen	Deklaration	(vgl. 4.2)
- Prozeduren	Deklaration	(vgl. 3.1)
- Funktionen	Deklaration	(vgl. 4.6)

Jedes Element dieser Aufzählung kommt entweder gar nicht oder nur einmal in

der genannten Reihenfolge vor. Dies gilt sowohl für Standard Pascal als auch für das USCD-Pascal oder Apple Pascal. Beim Turbo-Pascal (CP/M-Betriebssystem) ist erlaubt, daß jeder dieser Abschnitte beliebig oft und in frei gewählter Reihenfolge im Vereinbarungsteil auftreten darf.
Dieser Teil wird im Trainingsbuch in den Kapiteln ausführlicher behandelt, die hinter der Aufzählung der Abschnitte genannt werden. So auch die Syntax und die erklärenden Beispiele.

Der Anweisungsteil

Der Anweisungsteil spezifiziert die vom Programm oder den Unterprogrammen (Prozeduren, Funktionen) auszuführenden Aktionen. Er umfaßt eine Folge von ausführbaren Anweisungen ('executable statement'), die durch die reservierten Wörter BEGIN und END eingeschlossen sein müssen, Bild 2.5. Diese Anweisungen können einfach oder strukturiert sein. Sie werden aber stets zeitlich sequentiell abgearbeitet, nie zugleich.

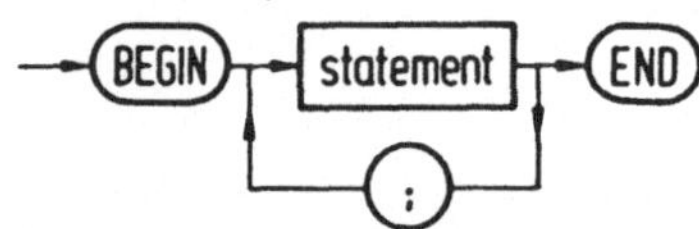

Bild 2.5

Ein Semikolon trennt die sequentiell auszuführenden Anweisungen. Beim Compilieren erhalten Sie sonst eine Fehlermeldung (';' erwartet (vielleicht auf der letzten Zeile)). Der Übergang von der letzten Anweisung zum END wird als Leeranweisung bezeichnet. Sie scheint deshalb erfunden zu sein, um das Semikolon unmittelbar nach der letzten Anweisung einer Anweisungsfolge vor dem END zu setzen oder zu vergessen /4/.
Noch einige Hinweise zu den Anweisungen, die in den folgenden Kapiteln behandelt werden.

Einfache Anweisungen sind

- die Leeranweisung (bereits im Abschnitt vorher angesprochen)
- GOTO-Anweisungen (In Apple Pascal gegenüber dem Standard Pascal etwas eingeschränkt. Daher in unserem Buch nicht benutzt, vgl.5.4.2.)
- Wertzuweisungs-Anweisungen (vgl. 4.1)

- Prozedur- oder Funktionsanweisungen als Aufrufe der
  - eingebauten Standard-Routinen (Funktionen, Prozeduren) /33,36/, die besonders in den ersten Programmierbeispielen eingesetzt werden
  - benutzerdefinierte Routinen (Funktionen, Prozeduren)
  - UNIT-Pakete in der Programm-Bibliothek:
    a) vom Apple Pascal bereitgestellte Standard-Units (vgl. A3)/32,33,36/
    b) vom Anwender entwickelte und eingebundene Units.

Strukturierte Anweisungen dienen zum sequentiellen Ausführen und Steuern (Steuerkonstrukte). Je nach Art sind es:

- zusammengesetzte Anweisungen (Anweisungsfolgen), vgl. 5.3.
- bedingte Anweisungen (IF..THEN..ELSE, CASE..), vgl. 5.4.
- wiederholende Anweisungen (REPEAT..UNTIL, WHILE..DO, FOR..), vgl. 5.5.

2.4.3 Abschließender Punkt

Mit dem Punkt nach dem endgültigen END erkennt der Compiler das Programmende. Für den Programmierer ist der Punkt nur für diesen Fall einzusetzen. Wird er vergessen, so meldet der Compiler 'unerwartetes Ende der Eingabe'.

2.4.4 Ein einfaches Programm

Sie wollen die Summe zweier Zahlen ermitteln und das Ergebnis auf dem Bildschirm ausgeben. Hierfür ist im Apple Pascal System als Ausgabe-Anweisung die Standardprozedur WRITE (vgl. A4) enthalten, wobei sie nach dem Syntaxdiagramm, Bild 2.6, geschrieben wird.

write statement

Bild 2.6

In unserem Fall soll der Ausdruck ('expression',vgl. 4.7) durch 3 + 4 gegeben sein. Führen Sie den Programm-Bezeichner 'Summe' entsprechend dem Syntaxdiagramm, Bild 2.2, ein. Verknüpfen Sie die bisherigen Syntaxdiagramme zu einem ersten einfachen Programm.

Das endgültige Syntaxdiagramm, Bild 2.7, für das Programm zum Lösen der beschriebenen Aufgabe ist nun:

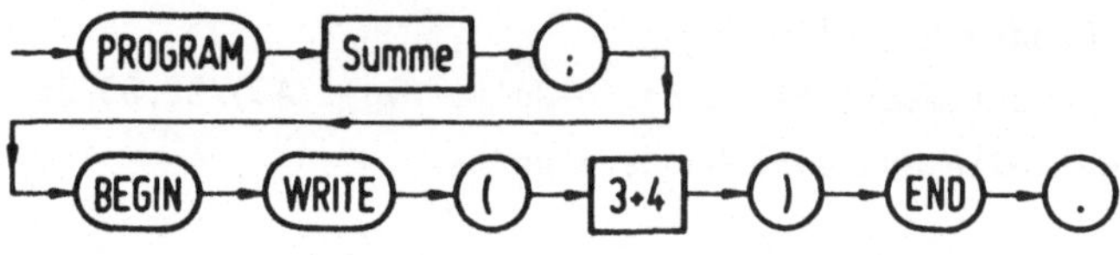

Bild 2.7

und das dazugehörende Programm:

```
PROGRAM Summe;
BEGIN
  WRITE (3+4);
END.
```

Geben Sie das Programm 'Summe' (Diskette APPLE1: im Laufwerk 1, Diskette APPLE3: im Laufwerk 2) über den Editor ein, also E drücken. Nun erscheint, wenn noch kein Workfile (SYSTEM.WRK.TEXT) auf der Diskette existiert:

No workfile is present. File? ((ret) for no file,(esc-ret) to exit)

Sie betätigen die RETURN-Taste und sind endgültig im Editor. Wenn schon ein Workfile vorhanden ist, gelangen Sie sofort in dieses Menü. Durch die neue Eingabe wird dieser Workfile beim Abspeichern überschrieben.
Im Editor I(nsert eingeben, damit Sie nun das Programm eintippen können. Die Techniken des Edierens haben Sie in der Übung 1.5 kennengelernt. Am Ende der Programmeingabe Ctrl C drücken und den Editor mit Q(uit verlassen. Dann erzeugen Sie einen Workfile, indem Sie U für U(pdate the workfile and leave eingeben. Nun tauschen Sie die Diskette APPLE3: durch die Diskette APPLE2: aus, da sich auf dieser das Programm zum Compilieren befindet. Starten Sie durch R(un das Programm. Auf dem Bildschirm sehen Sie zuerst den Hinweis auf das Compilieren (Compiling), danach die Programmausführung (Running) und schließlich das Ergebnis (7).

2.5 Erste Programmieraufgabe mit Standard-Routinen

Mit den Apple Pascal System-Disketten haben Sie mit der Programm-Bibliothek (SYSTEM.LIBRARY) /32,33,36/ das Grafik-Paket 'UNIT TURTLEGRAPHICS' erstanden. Damit erhalten Sie eine Art "Schildkröte", die eine bestimmte Strecke zurücklegt und dabei einen Filzstift mitzieht. Da sich diese Schildkröte auch um einen bestimmten Winkel drehen kann, wird von einem 'relativen Polar-Koordinaten-Verfahren' gesprochen. Um dieses Grafik-Paket benutzen zu können, müssen Sie nach der Programmkopfzeile die in dem Syntaxdiagramm, Bild 2.8, eingetragene ('USES TURTLEGRAPHICS') vereinbaren.

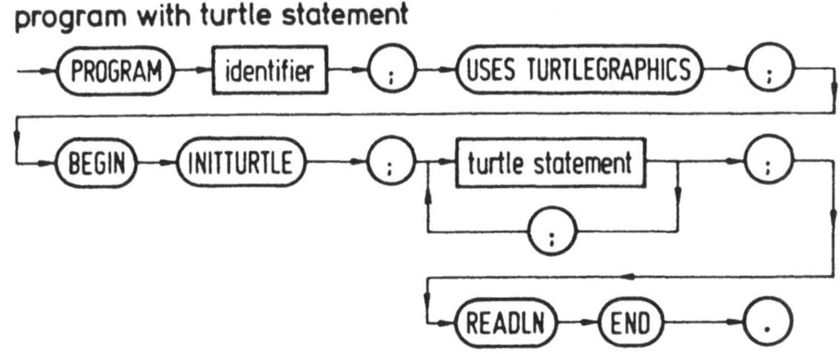

Bild 2.8

Der Anweisungsteil wird durch entsprechende Anweisungen des Grafik-Pakets, Tabelle 2.1, gebildet. Damit Sie das erzeugte Grafikbild auch sehen können, ist die Standard-Prozedur READLN (vgl. A4) als Programm-Stop einbezogen. Nachdem die 'turtle'-Anweisungen abgearbeitet wurden, wartet das Programm bis der Anwender die RETURN-Taste drückt. Für eine erste Programmieraufgabe nutzen wir die in der Tabelle 2.1 eingetragenen Anweisungen, die durch entsprechende Teilaufgaben charakterisiert sind. Das Syntaxdiagramm der 'turtle'-Anweisungen ist Bild 2.9. Diese Anweisungen werden in den folgenden Abschnitten näher erläutert.

Teilaufgaben	'turtle'-Anweisung	Beispiel
Initialisieren der Grafik	INITTURTLE;	INITTURTLE;
Wählen einer Farbe	PENCOLOR(Farbe);	PENCOLOR(white);
Bewegen der 'turtle'	MOVE(Strecke);	MOVE(100);
Drehen der 'turtle'	TURN(Winkel);	TURN(120);

Tabelle 2.1

Übung 2.1

Aufgabe: Auf dem Grafik-Bildschirm ist ein gleichseitiges Dreieck abzubilden. Die in der Tabelle 2.1 eingetragenen Teilaufgaben sind durch entsprechende Anweisungen (vordefinierte Bezeichner der UNIT TURTLEGRAPHICS) zu verwirklichen.
Für die Programmentwicklung dienen die Syntaxdiagramme, Bilder 2.8 und 2.9:

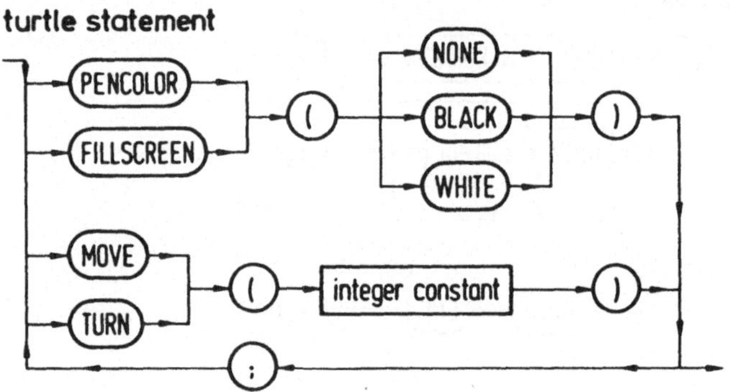

Bild 2.9

Die Integer-Konstante ('integer constant') wird nach dem Syntaxdiagramm, Bild 2.10, gebildet.

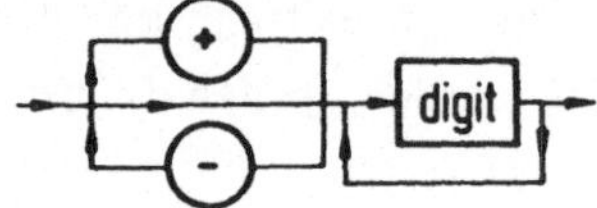

Bild 2.10

Für diese Übung haben wir Ihnen die Anordnung der Beschreibungselemente des Syntaxdiagramms in Bild 2.11 vorgegeben. Ihre Programmieraufgabe ist nun, in diese Elemente die Wortsymbole einzutragen, die ein Programm im Sinne der gestellten Aufgabe ergeben. Im Kapitel A1: Programm-Beispiele finden Sie einen Vorschlag für eine Musterlösung 'PROGRAM L2_Graf1;'. Kommentare schreiben Sie in Programmen zwischen die Zeichen (*...*) oder ä...ü. Üben Sie das Vorgehen dadurch, daß Sie andere geometrische Figuren erstellen.

Für das weitere Arbeiten ist hilfreich, wenn Sie das erstellte und funktionierende Workfile (SYSTEM.WRK.TEXT) auf einer Arbeitsdiskette mit S(ave (Befehl im Filer) speichern.

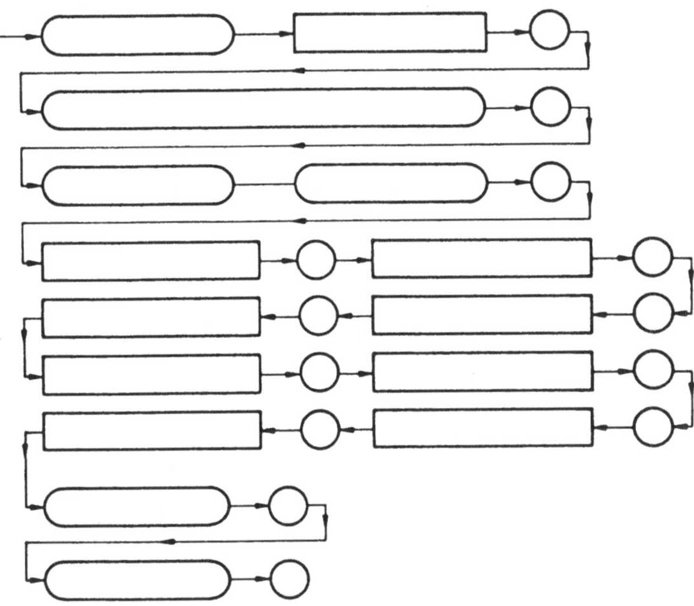

Bild 2.11

2.6 Einige 'turtle'-Anweisungen erläutert

Routinen zur Ausnutzung der Apple-Fähigkeiten sind in speziellen Einheiten (UNIT) der Programm-Bibliothek: SYSTEM.LIBRARY /32,33,36/ enthalten. So auch das TURTLEGRAPHICS-Paket für hochauflösende Grafik. Sie arbeiteten mit diesem Paket bereits im Abschnitt 2.5.
Im Programmbeispiel: PROGRAM L2_Graf1; (Bild 2.12) erkennen Sie den Zugriff auf dieses Paket dadurch, daß nach dem Programmkopf als Vereinbarung (Deklaration) angegeben wurde: USES TURTLEGRAPHICS;. Dem Compiler teilen Sie auf diese Weise mit, daß er sich diese Programmeinheit (UNIT) aus der Programm-Bibliothek (SYSTEM.LIBRARY, vgl. A3) holen soll.

```
ä---------------------------------------------------------------------ü
PROGRAM L2_Grafl; USES TURTLEGRAPHICS;
BEGIN
  INITTURTLE;          (* Grafik initialisieren, Turtle in Bildmitte  *)
  PENCOLOR( WHITE );   (* Turtlefarbe wählen, Filzstift kann zeichnen *)
  MOVE( 100 );         (* Turtle um 100 Bildpunkte  bewegen           *)
  TURN( 120 );         (* Turtle im Gegen-Uhrzeigersinn um 120 drehen *)
  MOVE( 100 );
  TURN( 120 );
  MOVE( 100 );
  TURN( 120 );         (* Turtle in Ausgangsposition drehen           *)
  PENCOLOR( NONE );    (* Turtle-Anzeige ausschalten                  *)
  READLN;              (* Nun wartet das Programm solange, bis sie    *)
                       (* (RETURN) drücken.                           *)
END.   (* L2_Grafl *)
ä---------------------------------------------------------------------ü
```

Bild 2.12

Im gleichen Programm benutzten Sie daraus die Prozedur-Anweisungen ('procedure statements', vgl. 3.1):

- INITTURTLE;

Diese Prozedur-Anweisung löscht den Bildschirm und initialisiert die Grafik, d.h. Turtle-Stift in Bildschirm-Mitte setzen, Farbe des Turtle-Stifts auf NONE einstellen und Bildausschnitt auf den gesamten Bildschirm bringen.

- PENCOLOR(Farbe);

Diese Prozedur-Anweisung bestimmt die Farbe des Turtle-Stifts. Auf einem Schwarz/weiß-Monitor benötigen Sie hierzu nur WHITE und BLACK oder NONE. Weitere Farben und deren Wirkung entnehmen Sie dem Manual /33,36/.

- MOVE(Strecke);

Diese Prozedur-Anweisung bewegt den Turtle-Stift um die als Integer-Wert (ganzzahlig) angegebene Strecke in deren Blickrichtung. Sie hinterläßt eine Spur in der momentanen Turtle-Stift-Farbe.

• TURN(Winkel);

Diese Prozedur-Anweisung dreht den Turtle-Stift am momentanen Ort im Gegen-Uhrzeigersinn von seiner momentanen Orientierung weiter. Mit Grad ist der Integer-Wert zwischen -359 und +359 gemeint.

2.7 Einfache Programme mit eingebauten Ausgabe-Anweisungen

Das bisher Gelernte läßt sich ohne Aufwand auf die eingebauten Ausgabe-Anweisungen übertragen. Im Gegensatz zu Bild 2.6 benutzen wir nun die WRITE-Anweisung ('write statement') zur zeilenorientierten Ausgabe von Zeichenketten (Strings), wie sie der Anwender vorgibt. Der Anweisungsteil im Syntaxdiagramm hat den in Bild 2.13 wiedergegebenen Aufbau.

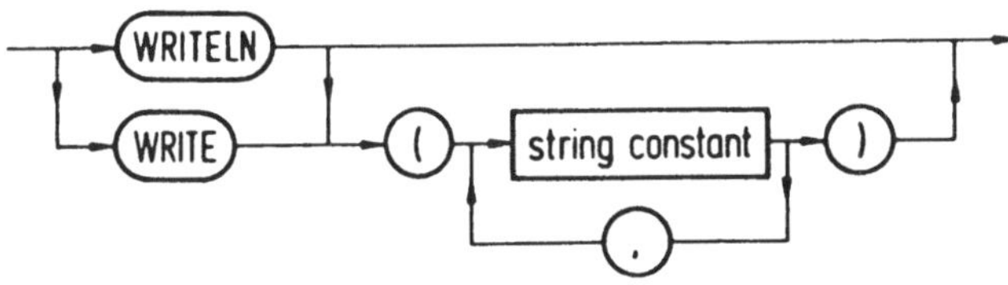

Bild 2.13

Die String-Konstante ('string constant') wird gebildet nach Bild 2.14:

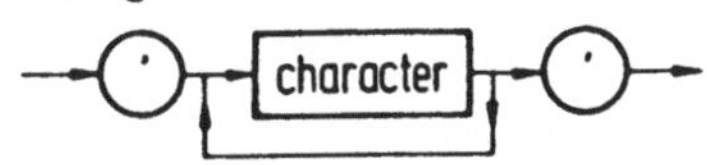

Bild 2.14

Eine String-Konstante ist eine beliebige Kette von darstellbaren Zeichen ('character'), die insgesamt durch Anführungszeichen (') begrenzt wird. Die Länge einer derartigen Zeichenkette beträgt bei dem Standard-Datentyp STRING (vgl. 4.3.5) des Apple Pascal 80 Zeichen. Diese Länge können Sie natürlich variieren (vgl. 6.1). Wählen Sie zunächst als maximale Länge nur diejenige, die ein zeilenweises Ausgeben der Zeichenkette ermöglicht.

Das Programm-Listing 'PROGRAM L2_String1' (Bild 2.15) und die dazugehörende Programm-Analyse (Bild 2.16) verdeutlichen den Zusammenhang.

```
ä--------------------------------------------------------------ü
  1  PROGRAM L2_String1;
  2  BEGIN
  3    WRITE( 'Guten Abend,' );
  4    WRITE( ' ','Ihr alle vor dem Bildschirm.' );
  5    WRITELN;         (* geht in die nächste Zeile *)
       WRITE( 'Guten Abend, Ihr alle vor dem Bildschirm' );
       WRITELN( ' das ist die Demonstration' );
       WRITELN( '             einer Programmausführung !' );
  6  END.               (* L2.String1 *)
ä--------------------------------------------------------------ü
```

Bild 2.15

Geben Sie dieses Programm ein. Die in den einzelnen Programmzeilen verwendeten Zahlen dienen nur der Zuordnung zur Programmanalyse. Pascal-Programme werden ohne Zeilen-Nummer im Editor eingegeben. Testen und verändern Sie die Zeichenketten in den jeweiligen Ausgabe-Anweisungen. Erklären Sie sich den Unterschied von WRITE und WRITELN.
Die Analyse zu diesem Programm finden Sie auf der nächsten Seite.

- Was erkennen Sie an diesem Programm-Beispiel noch ?

Schreiben Sie zwei WRITE-Anweisungen hintereinander, dann werden die Zeichenketten aneinandergekettet. Mit der WRITELN-Anweisung geht der Cursor in die folgende Zeile. Sie benutzen diese Anweisung ohne String-Konstante, um nach dem Ausgeben einer Zeichenkette über WRITE in die nächste Zeile übergehen zu können. Das Musterprogramm, Bild 2.15, teilt Ihnen also mit Bildschirm mit:

```
--------------------------------------------
  Guten Abend, Ihr alle vor dem Bildschirm.
  Guten Abend, das ist die Demonstration
               einer Programmausführung !
--------------------------------------------
```

Zeile	Programmteile und Erläuterungen	
1	<u>Programmkopf</u>	
	PROGRAM	leitet immer Pascal-Programme ein.
	identifier	identifiziert das Programm. Reservierte Wörter sind nicht erlaubt.
	;	trennt den Programmkopf vom Programmblock
2	<u>Programmblock: nur Anweisungsteil</u>	
	BEGIN	leitet die eigentlichen Programmbefehle, Anweisung oder Anweisungsfolgen, ein.
3	statement	stellt ein Element der Anweisungsfolge dar.
	;	trennt die Anweisungen voneinander.
3,4		Die WRITE-Anweisung (eine eingebaute Prozedur) gibt eine Folge von Zeichen (einen String) auf dem Bildschirm aus. WRITE: Cursor bleibt nach Textausgabe auf der gleichen Zeile.
5		WRITELN: Cursor geht in die nächste Zeile.
	(* ... *) oder ä ... ü	ermöglicht Kommentarzeilen im Programm.
6	END	beendet die Anweisungsfolge, den Anweisungsteil.
	<u>Abschließender Punkt</u>	
		bezeichnet das Programm-Ende. Wichtig für den Compiler !

---Bild 2.16---

2.8 Weitere Routinen der UNIT TURTLEGRAPHICS nutzen

In der folgenden Übung 2.2 sollen Sie weitere Prozedur-Anweisungen der UNIT TURTLEGRAPHICS (vgl. A3) einsetzen, um eine Zeichenkette auf dem Grafik-Bildschirm positioniert auszugeben. Dazu benötigen Sie:

- MOVETO(x,y);

Diese Prozedur-Anweisung schickt den Turtle-Stift zu einer neuen Position, die durch die x- und y-Koordinaten des Bildschirms gegeben ist. Die Grenzkoordinaten für Apple-Bildschirme sind in Tabelle 2.2 eingetragen. Bei eingeschaltetem Turtle-Stift sehen Sie eine Spur (Linie) zwischen der bisherigen und neuen Turtle-Stift-Position. Die Blickrichtung des Turtle-Stifts bleibt hierbei unverändert.

Position des Turtle-Stifts	x-Koordinate	y-Koordinate
untere linke Ecke	0	0
obere rechte Ecke	279	181

Tabelle 2.2

- WSTRING(strg);

Diese Prozedur-Anweisung schreibt eine Zeichenkette (String) auf den Grafik-Bildschirm, wobei die linke untere Ecke des ersten Zeichens an die Turtle-Stift-Position gesetzt wird und der Turtle-Stift sich pro Zeichen um 7 Punkte nach rechts bewegt.

> <u>Übung 2.2</u>

<u>Aufgabe:</u> Grafik-Bild mit einem Titel versehen oder eine Zeichenkette an eine gewünschte Stelle des Grafik-Bildschirms positionieren

<u>Teilaufgaben:</u>

- Bauen Sie die Prozedur-Anweisungen MOVETO(x,y); und WSTRING(strg); in das Programm L2.GRAF1.TEXT (vgl. Übung 2.1) ein.
- Nennen Sie das neue Programm L2.GRAF2.TEXT.

Beachten Sie die Hinweise und Arbeitsfolge auf der nächsten Seite.

Hinweis:
Beachten Sie die Grenzwerte der x-,y-Koordinaten und führen Sie die Zeichenkette strg := 'Gleichseitiges Dreieck'; ein.

Arbeitsfolge

F(iler	Filer aufrufen
G(et	Programm L2.GRAF1.TEXT in den Speicher laden
Q(uit	Filer verlassen
E(dit	Editor wählen, Programm edieren
Q(uit	Editor verlassen
U(pdate	Workfile erzeugen
R(un	Programm (SYSTEM.WRK.TEXT) starten und ausführen
F(iler	Filer aufrufen
S(ave	Programm als L2.GRAF2 speichern (Suffix '.TEXT' wird automatisch angehängt)

Einen Lösungsvorschlag zu dieser Aufgabe finden Sie im Kapitel A1: Programm-Beispiele.

2.9 Zusammenfassende Darstellung

2.9.1 Routinen der Programm-Bibliothek

Die Programm-Bibliothek (SYSTEM.LIBRARY) ist eine Sammlung von Programmeinheiten (UNIT, Moduln), deren Aufbau dem Benutzer unbekannt sein kann, die er jedoch über vordefinierte Anweisungen (wie z.B. MOVE(100);) aufrufen und zum Ausführen bringen kann. Aufgabe des Benutzers ist es:
- dem Compiler die gewünschte Programmeinheit (UNIT) über das reservierte Wortsymbol USES mit dem Namen der Programmeinheit anzugeben.
- die Anweisungen dieser Moduln nach den Angaben der in den Syntaxdiagrammen (wie z.B. Bilder 2.8 und 2.9) festgelegten Syntaxregeln zu formulieren.

Welche Programmeinheiten mit ihren Anweisungen in der Programm-Bibliothek enthalten sind, entnehmen Sie der Aufstellung in Kapitel A3 oder /32,33,36/.

2.9.2 Eingebaute Standard-Routinen

In Pascal ist eine Reihe von Standard-Routinen vordefiniert. Mit diesen

Routinen sind keine Bibliotheks-Routinen gemeint, sondern die in Pascal festeingebauten Prozeduren und Funktionen (vgl. A4). Ihr Vorteil liegt in dem schnellen und einfachen Einsatz von diesen Routinen zum Lösen immer wiederkehrender Teilaufgaben. Dies sind u.a.Teilaufgaben der Arithmetik, Umwandlung, Speicherverwaltung und Dateioperationen.
Welche dieser Routinen mit der implementierten Pascal-Version gelten, ist dem jeweiligen Manual, wie z.B. bei Apple Pascal /36/, zu entnehmen.

2.9.3 Bemerkungen zu Syntaxdiagrammen

Bereits im Abschnitt 2.3 lernten Sie die Sprachelemente (Terminale, Nichtterminale) der Syntaxdiagramme kennen. In den ersten Beispielen erkannten Sie, daß ein Vorteil der Programmiersprache Pascal ist, daß die Syntaxregeln eindeutig mit Hilfe von Syntaxdiagrammen zu beschreiben sind. Sie dienen nicht nur zur Analyse von Musterprogrammen, sondern auch als methodische Hilfe zum Entwickeln von Pascal-Programmen (vgl. 5.1).

Im Buch werden Sie im Text häufiger durch Klammern und Anführungszeichen, z.B. ('identifier'), auf einen Begriff hingewiesen, der durch ein Syntaxdiagramm erklärbar ist. Da die Begriffe der Pascal-Programmierung von N.Wirth/12/ englischsprachig eingeführt wurden, werden diese Benennungen auch in unserem Buch beibehalten.

Begriffe, die in der Pascal-Programmiersprache als reservierte Wörter gelten, werden im Syntaxdiagramm in Großbuchstaben geschrieben und durch Ovale (Terminale) umschlossen. Diese reservierten Wörter haben für den Compiler ein ganz bestimmte Bedeutung. Satzzeichen mit einer festen Syntax-Bedeutung sind in einem Syntaxdiagramm in einem Kreis wiedergegeben. In Rechtecken angegebene Begriffe (Nichtterminale) sind vom Benutzer durch entsprechende Syntaxdiagramme solange zu ersetzen, bis er auf Ovale oder Kreise trifft. Reservierte Wörter oder vordefinierte Begriffe müssen unmittelbar übernommen werden, andere sind entsprechend ihrer Bedeutung wählbar.

Grundsätzlich gilt für dieses Buch, daß die Pascal-Programmierung mit dem Regelwerk der Syntaxdiagramme erlernt werden soll. Diese Syntaxdiagramme wurden jedoch so gestaltet, wie aus didaktischer Sicht die Syntaxregeln klar und eindeutig beschreibbar sind.

3 Programme über das Blockkonzept strukturieren

Eine Ihrer Aufgaben in diesem Trainingsbuch ist, vom Anwender definierte Unterprogramme (die Prozeduren als Moduln) zu erstellen und anzuwenden. Sie erweitern den Anweisungsteil ('statement part') um die Prozedur-Anweisung ('procedure statement'), Bild 3.1.

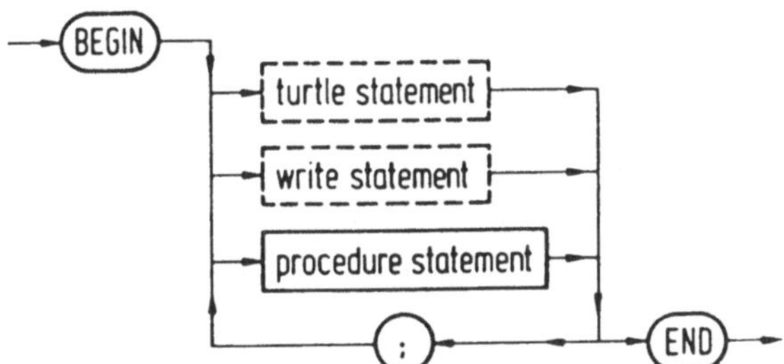

Bild 3.1

3.1 Prozedur, allgemein betrachtet

Wie bei der methodischen Arbeitsweise ist die Grundidee für diese Prozeduren, zu behandelnde Probleme (Aufgaben) in voneinander unabhängige Teilprobleme (Teilaufgaben) aufzugliedern. Derartige Prozeduren sind Teile eines Programms, welche in sich geschlossen sind und jederzeit erneut aufgerufen werden können. Sie ermöglichen das Problem in Teilprobleme zu zerlegen und die Lösung der Teilprobleme zur Gesamtlösung zusammenzufassen.
Damit wird erreicht, die Lösungssuche zu vereinfachen, Sachverhalte überschaubar zu machen, momentane Entwicklungsschwerpunkte zu erkennen, vorhandene Prozeduren und Funktionen (wie z.B. Programm-Bibliothek, vgl. A3) zu nutzen und Arbeitsteilung bei der Programmentwicklung anzustreben.

Bevor Sie weiterlesen:
Laden Sie das Programm L3.GRAF1A.TEXT von der Programmdiskette (PAKUDA1:) in den Editor. Steht Ihnen die Programmdiskette nicht zur Verfügung, dann betrachten Sie den Programmausdruck im Kapitel A1: Programm-Beispiele.

Lesen Sie nun den folgenden Text zu Prozeduren, betrachten Sie das Syntaxdiagramm ('program with procedure') in Bild 3.2, und vergleichen Sie die einzelnen Aussagen mit dem Programm L3.GRAF1A.TEXT.

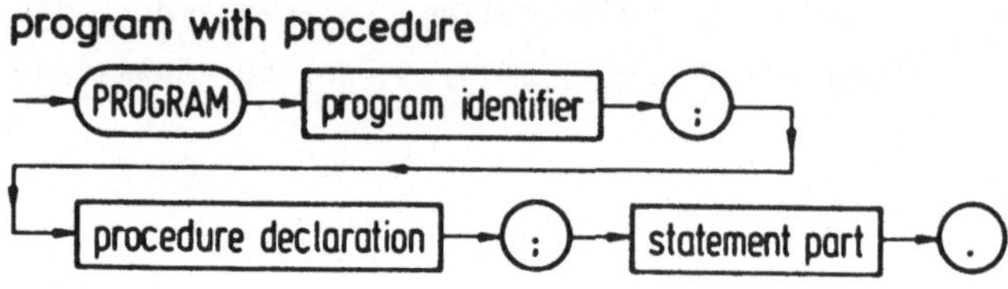

Bild 3.2

Was stellen Sie fest oder haben Sie Fragen ?
Notieren Sie Ihre Fragen und Feststellungen.
Beim weiteren Bearbeiten dieser Lerneinheit finden Sie bestimmt selbst die Antworten dazu.

Prozeduren

- sind eigenständige Programmteile. Sie werden ähnlich wie ein Programm mit Prozedurkopf, Block (Vereinbarungs-, Anweisungsteil) und abschließenden Semikolon strukturiert, Bild 3.3.

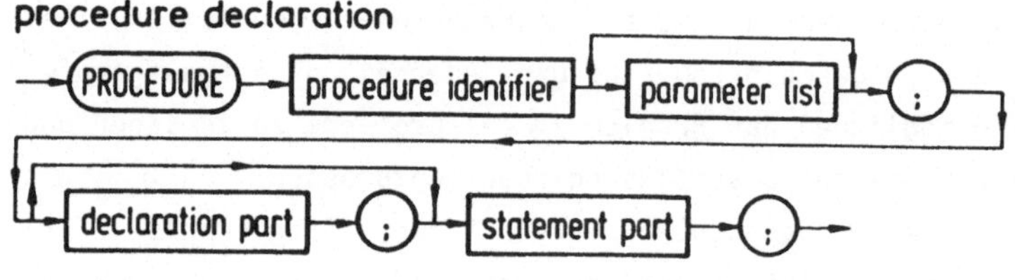

Bild 3.3

- müssen stets vereinbart sein, bevor das erste BEGIN des Anweisungsteils ('statement part') im Hauptprogramm anfängt.
- schließen stets mit einem Semikolon ab. Danach kehrt der Programmlauf zu der Anweisung zurück, die der aufrufenden Prozedur-Anweisung folgt.

- können aus unterschiedlichen Programmteilen mit dem Prozedur-Bezeichner ('procedure identifier') zur Ausführung aufgerufen werden, selbst aus dem Anweisungsteil der Prozedur heraus (rekursive Prozedur). Der Bezeichner im Prozedurkopf steht für einen Verbund von Anweisungen, die bei jedem Prozedur-Aufruf ('procedure statement') abgearbeitet werden, Bild 3.4.

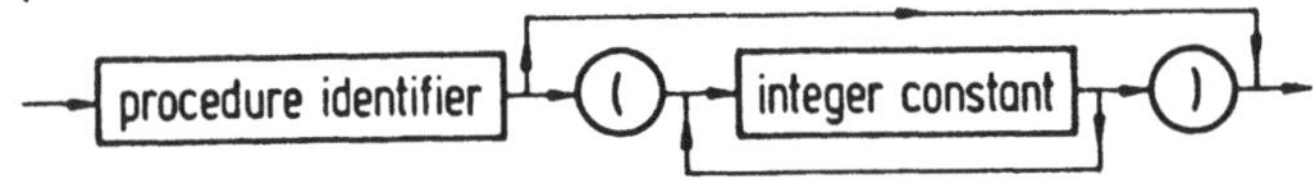

Bild 3.4

- verkürzen das Programm insbesondere, wenn die Prozedur mehrmals im gleichen Programm benutzt wird. Die Anweisungen im Prozedurblock müssen nur einmal aufgeschrieben werden.
- gestalten ein Programm lesbarer und damit weniger fehleranfällig.
- können als Moduln in verschiedenen Programmen verwendet werden, die gleiche Teilaufgaben zu lösen haben (vgl. 5.1).

3.2 Prozeduren ohne Parameterliste

Grundsätzlich gilt für eine Prozedur ohne Parameterliste (parameterlose Prozedur) das in Bild 3.3 dargestellte Syntaxdiagramm ohne Parameterliste ('parameter list'). Vergleichen Sie dieses Syntaxdiagramm mit dem Programmbeispiel L3.GRAF1A.TEXT (vgl. A1: Programm-Beispiele).
Zu erkennen ist, daß die Prozedurkopfzeile nach dem reservierten Wortsymbol PROCEDURE nur den Prozedur-Bezeichner ('procedure identifier') aufweist. Der Vereinbarungsteil ('declaration part') wird umgangen. Die Prozedur-Anweisung ('procedure statement') im Anweisungsteil des Hauptprogramms wird nur durch den Prozedur-Bezeichner der auszuführenden Prozedur gebildet.
Entwickeln Sie nun parameterlose Prozeduren, indem Sie den Anweisungsteil aus Prozedur-Anweisungen der Programm-Bibliothek: SYSTEM.LIBRARY (vgl. 2.6 und 2.8) aufbauen. Beispielhaft wird Ihnen das Vorgehen mit der PROCEDURE onetriangle; im Programm L3.GRAF1A.TEXT gezeigt, wobei diese Prozedur aus dem Anweisungsteil des Hauptprogramms mit dem Prozedur-Bezeichner onetriangle; aufgerufen oder aktiviert wird, Bild 3.4.

Nach der einführenden Theorie zu den Prozeduren sollen Sie nun das Programm L3.GRAF1A.TEXT in einigen Übungen durch Variation auf gestalterischer Ebene verändern. Grundsätzlich wird diese Variation durch die Merkmale: Art, Form, Lage, Größe und Anzahl unterstützt. Die in der Tabelle 3.1 genannten Beispiele sind der Literatur /21/ entnommen. Diese Beispiele sollen Sie anregen und können von Ihnen durch weitere Begriffe aus Ihrem Arbeitsgebiet ergänzt und vervollständigt werden.

Merkmal	Beispiel
Art	Punkt, Linie, Fläche, Körper
Form	Dreieck, Quadrat, Rechteck, Vieleck, ... Rundung, Kreis, Ellipse, Hyperbel, ... Quader (Würfel), Kegel, Zylinder, Kugel, ...
Lage	axial, radial, parallel, hintereinander ...
Größe	klein, groß, schmal, breit ...
Anzahl	einfach, doppelt oder zweifach, mehrfach...

Tabelle 3.1

Am Beispiel des Programms L3.GRAF1A.TEXT läßt sich ausführen:
Die beiden (Anzahl) Dreiecke (Form) sind durch die Prozedur-Anweisungen MOVE(Strecke); und TURN(Winkel); entstanden. Die Größe der Dreiecke wird durch die Integer-Werte für die Strecke (Länge der Grafik-Linie) bestimmt. Ihre Lage oder Position auf dem Bildschirm verändert die Prozedur-Anweisung MOVETO(x,y);.

▷ Übung 3.1

Aufgabe:

Holen Sie das Programm L3.GRAF1A.TEXT aus dem Kapitel A1: Programm-Beispiele in den Editor. Die zum Zeichnen eines Dreiecks erforderliche Anweisungsfolge ist zu der PROCEDURE onetriangle; zusammengefaßt. Sie wird vom Hauptprogramm aus über den Prozedur-Bezeichner onetriangle; aufgerufen. Das erste Dreieck wird ausgehend von der Bildschirmmitte (x=140, y=90) gezeichnet. Danach steht die TURTLE wieder in der Bildschirmmitte. Mit der Anweisung MOVETO(30,40); wird ein zweites Dreieck an eine durch x=30 und y=40 vorgegebene Lage positioniert.

Teilaufgaben:

- Geben Sie in die Kopfzeile des Programms den nun zutreffenden Bezeichner ein, und löschen Sie überflüssige Kommentarzeilen.
- Fügen Sie in den Anweisungsteil des Hauptprogramms Anweisungen ein, um den Titel des Grafikbilds abzubilden.
- Entwickeln Sie eine Prozedur mit dem Bezeichner 'weiter', so daß der Benutzer des Programms im Grafikbild durch die Zeichenkette:

    strg := ') (Weiter mit (RETURN)...';

  aufgefordert wird, den Programmablauf fortzusetzen. Beachten Sie dabei die x-,y-Koordinaten des Grafik-Bildschirms (vgl. Tabelle 2.2).
- Speichern Sie das veränderte Programm auf Ihrer Arbeitsdiskette unter dem Namen: L3.TRIANG1.TEXT ab.

Einen Lösungsvorschlag finden Sie im Kapitel A1: Programm-Beispiele.

Warum eigentlich nur Dreiecke auf paralleler Grundlinie auf dem Grafik-Bildschirm abbilden ?

▷ Übung 3.2

Aufgabe:

Drei gleich große und gedrehte Dreiecke in unterschiedlichen Bildschirm-Positionen anordnen. Titel des Bildes an neue Aufgabe anpassen.

Teilaufgaben:

- Benutzen Sie das Programm L3.TRIANG1.TEXT (vgl. Übung 3.1).
- Verwenden Sie zum Lösen der Aufgabe aus der UNIT TURTLEGRAPHICS die Prozedur-Anweisungen:

  MOVETO(x,y); und TURN(Winkel);.

  Beachten Sie dabei die x-,y-Koordinaten des Grafik-Bildschirms (vgl.Tabelle 2.2).
- Der Titel des Grafikbildes ist nun: 'Triangles moved and turned'
- Der Name des von Ihnen entwickelten Programms ist 'L3.TRIANG2.TEXT'.

Und zu dieser Übung finden Sie im Kapitel A1: Programm-Beispiele einen Lösungsvorschlag.

3.3 Prozedur mit Parameterliste

Bisher enthielten die Aufrufe der verwendeten eingebauten Standard-Prozeduren und der Prozeduren der Programm-Bibliothek, der SYSTEM.LIBRARY alle zu übergebenden Werte oder Zeichen, ohne dies genau zu erläutern. Es handelt sich bei diesen Werten um Parameter, die als Hilfsmittel zum Informationstausch zwischen Programmteilen dienen. Um diese Parameter als weiteres Gestaltungsmittel für die vom Anwender definierten Prozeduren (Moduln) zu nutzen, wollen wir uns näher damit beschäftigen.
Die vom Anwender definierte PROCEDURE onetriangle; führt in der bisherigen Form eine von außen unabhängige Arbeit aus. Diese Art von Prozeduren ist dadurch gekennzeichnet, daß sie weder vom aufrufenden Teil irgendwelche Informationen erhält noch von der Prozedur Informationen zurückbekommt. Um den Mechanismus zum Informationsaustauch mit der Prozedur zu aktivieren, erhält die Prozedur in der Kopfzeile eine Parameterliste, Bild 3.5.

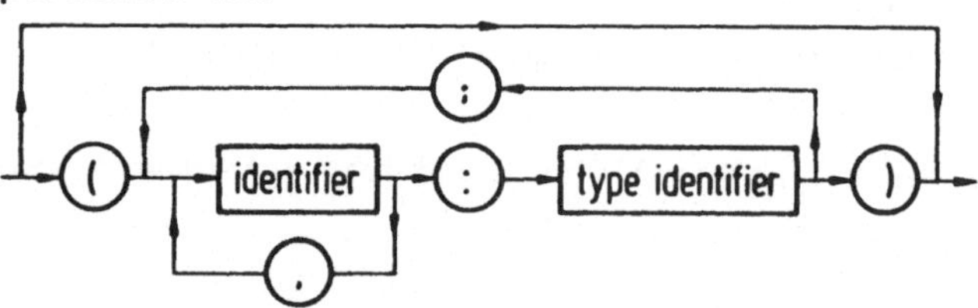

Bild 3.5

Dies ist eine Liste von Datenfeldern, die durch die Bezeichner der Parameter ('identifier') und durch die zugeordneten Standard-Datentypen ('type identifier'), Bild 3.6, gebildet wird. Mehr zu den Datentypen lesen Sie unter 4.3.

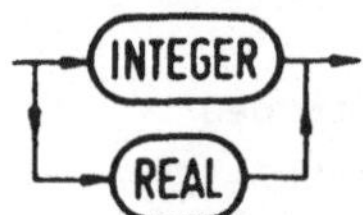

Bild 3.6

Beim Aufruf der Prozedur wird von der Prozedur-Anweisung aus eine Information der Aktualparameter an die Prozedur übergeben. Dagegen handelt es sich in der Parameterliste um Formalparameter, weil sie zum Zeitpunkt ihrer Definition noch keine bestimmten Werte haben. Der Programm-Ausschnitt in Bild 3.7 zeigt beispielhaft wie Parameter und Parameterliste in ein Programm einzubinden sind.

```
ä-------------------------------------------------------------------ü
PROGRAM Triangles; USES TURTLEGRAPHICS;

PROCEDURE onetriangle( Strecke : INTEGER );
            (*             ^          ^     *)
            (* Formalparameter   Datentyp *)
BEGIN
  PENCOLOR( WHITE );
  MOVE( Strecke );
  TURN(· 120 );
  :
  :
  PENCOLOR( NONE );
END;   (* onetriangle *)

BEGIN
  INITTURTLE;
  MOVETO( 1,1 );
  onetriangle( 80 );        (* Prozedur-Aufruf mit   *)
          (*   ^   Aktualparameter                   *)
  :
  :
END.   (* Triangles *)
ä-------------------------------------------------------------------ü
```

Bild 3.7

Bei diesem Beispiel erfährt der Compiler mit dem Bezeichner 'Strecke' in der Prozedur-Kopfzeile formal, daß ein Formalparameter vom Datentyp INTEGER vorliegt. Diese Parameter könnten z.B. beim Apple Pascal ganze Zahlen (Integer) zwischen -32 768 und +32 767 sein. Die Zahl 80 im Prozedur-Aufruf onetriangle(80); dagegen ist der Aktualparameter. Der Compiler wird veranlaßt, das Programm so vorzubereiten, daß dem Formalparameter 'Strecke' beim Ausführen der Prozedur der Aktualparameter 80 übergeben wird.

Zusammenfassend läßt sich zum Arbeiten mit Prozeduren sagen:

Die Syntax der Parameterliste ('parameter list', vgl. Bild 3.5)

- erlaubt eine leere Parameterliste (parameterlose Prozedur);
- ermöglicht ein gemeinsames Auflisten von Formalparametern desselben Datentyps, die durch Kommata jeweils voneinander getrennt sind (Prozedur mit Parameterliste);
- ordnet Formalparameter verschiedenen Datentyps in derselben Kopfzeile einer Prozedur an, wobei sie durch ein Semikolon voneinander getrennt sind.

Die Syntax ('procedure statement', vgl. Bild 3.4)

- ruft bei einer parameterlosen Prozedur unmittelbar mit derem Bezeichner ('procedure identifier') auf;
- erweitert diesen Bezeichner mit den Aktualparametern, die durch Kommata voneinander getrennt sind. Aktual- und Formalparameter müssen vom selben Datentyp sein, Bild 3.6.

Mit diesem Aufruf lernten Sie eine Methode der Parameterübergabe kennen. Sie wird 'Aufruf mit einem Wert' (call by value) genannt. Andere Methoden wie 'Aufruf mit einer Variablenreferenz' werden in diesem Buch nicht verwendet. Lesen Sie mehr darüber in /12, 30/. Wichtig ist noch der Hinweis auf die Typ-Vereinbarung in der Parameterliste. Mit dieser Vereinbarung wird festgelegt, daß der Prozedur nicht x-beliebige Werte zu übergeben sind, sondern z.B. ganze Zahlen (Integer). Ohne dies zu erläutern, sei bereits erwähnt, daß Pascal vier Standard-Datentypen zur Verfügung stellt: INTEGER, REAL, BOOLEAN, CHAR und bei Apple Pascal außerdem der Datentyp STRING (vgl. 4.3). Lernen Sie die Wirkung der Formal- und Aktualparameter in der Übung 3.3 kennen.

▷ Übung 3.3

Aufgabe: Verschieden große Dreiecke darstellen, d.h. der Prozedur mitteilen, wie groß die gewünschte Figur zu zeichnen ist. Der Titel des Grafikbildes ist 'Triangles turned, moved and reduced'.

Teilaufgaben:

- Benutzen Sie das Programm L3.TRIANG2.TEXT.
- Parameterliste einarbeiten (Formalparameter 'Strecke') und anstelle MOVE(100); nun MOVE(Strecke); schreiben.
- Prozeduraufruf 'onetriangle' durch Aktualparameter ergänzen.
- Geben Sie dem neuen Programm den Namen: L3.TRIANG3.TEXT.

3.4 Prozedur und Stringverarbeitung

Üben Sie das bisher Gelernte wiederum am Beispiel der Stringverarbeitung, wobei aus dem Paket der eingebauten Standard-Routinen (vgl. A3) folgende Prozedur-Anweisungen zusätzlich in das Programm L2.STRING1.TEXT einzubauen sind, (vgl. 2.7):

- PAGE(output);

Diese Prozedur-Anweisung bewirkt ein Löschen des Bildschirms. Der Cursor positioniert in der linken oberen Ecke des Bildschirms. Die gleiche Wirkung erzielen Sie durch die Prozedur-Anweisung: WRITE(CHR(12));

- GOTOXY(x,y);

Diese Prozedur setzt den Cursor an die Stelle des Bildschirms, die durch die x- und y-Koordinate (Integer-Wert) festgelegt ist. Aktuelle Parameter sind nun: x-Koordinate zwischen 0 und 79 sowie y-Koordinate zwischen 0 und 23. Die linke obere Bildschirmecke ist durch (0,0) definiert (dies entspricht der HOME-Position).

Hinweis:

Diese Standard-Prozedur wurde für den APPLE II-Bildschirm geschrieben. Sollten Sie ein externes Terminal benutzen, müssen Sie mit dem Dienstprogramm SYSTEM.LINKER eine neue GOTOXY-Prozedur in SYSTEM.PASCAL einbinden.

▷ Übung 3.4

Teilaufgaben:

- Bauen Sie beide Prozedur-Anweisungen in das Programm L2.STRING1.TEXT ein (vgl. 2.7).
- Verändern Sie den Textteil wie folgt:
'Dies ist eine Anweisungsfolge mit den Prozedur-Anweisungen: WRITE, WRITELN, GOTOXY, PAGE oder hierfür WRITE(CHR(12));.'
- Ordnen Sie in die unterste Bildschirmzeile die Zeichenkette:
strg := ') (Weiter mit (RETURN) ...' an. Der Cursor steht nach dem Abbilden der Textzeilen zwischen den Zeichen) (.
- Speichern Sie das edierte und getestete Programm als L3.STRING1.TEXT ab.

Eine weitere Übung:

Üben Sie das Entwickeln einer Prozedur für dieses Beispiel, Übung 3.5.

Übung 3.5

Aufgabe:

Für eine positionierte Ausgabe der Zeichenketten wie in der Übung 3.4 ist sinnvoll, eine Prozedur mit dem Bezeichner 'postring', d.h. positionierter String zu entwickeln.

Teilaufgaben:

- Gestalten Sie das Programm L3.STRING1.TEXT so um, daß Sie

1. eine mehrseitige Information im Bildschirmbereich ausgeben können. Die Prozedur 'pagone' nimmt den bisherigen Text auf. Die Prozedur 'pagtwo' enthält den Text '... und dies mit den Prozeduren, die vom Anwender definiert werden.'.

2. die Textzeilen mit Hilfe der Prozedur 'postring' in das Programm einordnen. Die zu entwickelnde Prozedur hat folgenden Aufbau, Bild 3.8:

```
ä------------------------------------------------------------------ü
PROCEDURE postring( x,y: INTEGER; strg: STRING );
BEGIN
  GOTOXY( x,y );      (* Position der übergebenden Zeichenkette *)
  WRITE( strg );      (* Zeichenkette vom TYPE STRING           *)
END;   (* postring *)
ä------------------------------------------------------------------ü
```

Bild 3.8

Die Prozedur wird beispielsweise mit folgender Anweisung aufgerufen:

```
postring( 10,15,'So ist es ... ' );
```

3. die Umschaltung der Seiten mit einer eigenen Prozedur 'continue' möglich ist. Nutzen Sie die Ihnen bekannte Zeichenkette:

strg := ') (Weiter mit (RETURN) ...';

- Speichern Sie dieses Programm unter L3.STRING2.TEXT.

Auch zu den Übungen des 3.Kapitels gilt:
Lösungsvorschläge zu diesen Übungen finden Sie im Kapitel A1: Programm-Beispiele. Trotzdem sollten Sie erst selbst aktiv werden, bevor Sie unsere Lösungsvorschläge analysieren.

Programmieren lernen Sie durch ständiges selbsttätiges Arbeiten.

3.5 Zusammenfassende Darstellung

Ein Schwerpunkt dieses Kapitels ist das Aufgliedern von Programmen in Unterprogramme (Prozeduren). Hierbei wird die Prozedur allgemein als besonderes Gestaltungsmittel des modularen Programmierens herausgestellt und in ihrem Aufbau beschrieben und angewendet. Neben der parameterlosen Prozedur dient die Parameterliste in der Prozedur-Kopfzeile mit ihrem Mechanismus zur Parameterübergabe 'Aufruf mit einem Wert (call by value)' als Mittel zum Informationsaustausch und zur übersichtlichen Programmgestaltung.

3.5.1 Prozeduren als Gestaltungsmittel

Schwerpunkt des 3.Kapitels ist das Aufgliedern von Programmen in Unterprogramme (Moduln, Bausteine), die als Prozedur bezeichnet werden. Mit der Prozedur wird meist eine Gruppe von Anweisungen zusammengefaßt, die jeweils eine bestimmte Teilaufgabe selbständig ausführen können. Da der Compiler die einzelnen Programmteile nach eigenen Gesetzmäßigkeiten überwacht, müssen auch Prozeduren nach einer bestimmten Reihenfolge ins Programm aufgenommen werden. So muß die Prozedur stets vor ihrem Aufruf über eine Prozedur-Anweisung vereinbart, d.h. vor dem ersten BEGIN des Hauptprogramms angeordnet sein.

Mit einer Prozedur wird erreicht, daß

- sich mehrfach wiederholende Anweisungsfolgen, die als eigenständige Programm-Moduln gelten, vom Anweisungsteil getrennt werden können und dort

- eine einzeilige Anweisung genügt, um eine Prozedur aus unterschiedlichen Programmabschnitten aufzurufen. Dies verringert nicht nur den Schreibaufwand, sondern macht das aus Moduln aufgebaute Programm überschaubarer. Durch die freie Wahl des Prozedur-Bezeichners hat der Benutzer die Möglichkeit, die Prozeduren aufgabenspezifisch zu benennen.

3.5.2 Parameter zum Informationsaustausch

Parameter dienen als Hilfsmittel, um von der Stelle im Programm, an welcher eine Prozedur aufgerufen wird, eine Nachricht, den Aktualparameter an die entsprechende Prozedur übergeben zu können. Zu diesem Zweck wird in die

Kopfzeile der Prozedur eine Parameterliste mit Formalparametern eingeführt. Dadurch erfährt der Compiler, daß es sich bei dem Bezeichner in der Parameterliste um einen Formalparameter mit definiertem Datentyp handelt. Diese Vereinbarung sagt dem Compiler, daß der jeweilige Parameter einen Wert vom bezogenen Datentyp speichern kann. Die Prozedur-Anweisung enthält als Aufruf der Prozedur vom Hauptprogramm aus einen Aktualparameter vom gleichen Datentyp. Der Compiler bereitet das Programm so vor, daß dem Formalparameter beim Aufruf der Prozedur der Wert des Aktualparameters zugewiesen wird. Bei dieser Methode der Parameterübergabe wird von einem 'Aufruf mit einem Wert (call by value)' gesprochen.

Bezogen auf die Übungen mit dem Grafik-Paket in diesem Kapitel besagt dies:

- Prozeduren werden für einfache Figuren wie Dreiecke, Quadrate, Vielecke, Sterne oder andere genutzt.
- Komplexere Figuren lassen sich durch mehrmaligen Aufruf von eigenständigen Moduln, den Prozeduren, abbilden.
- Die Größe der Figuren, ihre Position und Lage auf dem Bildschirm läßt sich mit Hilfe von Aktual- und Formalparametern steuern.

Während die Übungen vorwiegend die Grafik-Fähigkeiten (Standard-Routinen der Programm-Bibliothek, vgl. A3) nutzen, wird abschließend das Gelernte auf Prozeduren zur Stringverarbeitung (Standard-Routinen von Apple Pascal, vgl. A4) übertragen. Zu sämtlichen Übungen findet der Anwender Lösungsvorschläge im Kapitel A1: Programm-Beispiele.
Diese Lösungsvorschläge dienen im wesentlichen dem Vergleich. Natürlich kann der Anwender eigene Programme entwickeln, wobei er ohne 'Wenn und Aber' die Syntaxregeln der Programmiersprache Pascal beachtet.

Im folgenden Kapitel üben Sie anhand bereits erstellter Programme, wie Sie das Geschehen variabler gestalten können. Sie lernen die Elemente einer Wertzuweisungs-Anweisung wie Variable, Konstante und arithmetischer Ausdruck kennen. Da der Compiler beim Übersetzen den Speicherplatz für eine Programmausführung reservieren soll, muß er den Datentyp zugeordnet bekommen. Standard-Datentypen und benutzerdefinierte Datentypen werden besprochen und in Programmen eingesetzt. Neben den Ausdrücken wird die Unterprogrammform FUNCTION erläutert und angewendet.

4 Einfache benutzerdefinierte Anweisungen

Anweisungen einer Programmiersprache beschreiben die möglichen Aktionen. Mit der folgenden Trainingseinheit lernen Sie nunmehr die Wertzuweisungs-Anweisung ('assignment statement') und eine weitere eingebaute Standard-Prozedur, eine Eingabe-Anweisung ('read statement'), kennen, Bild 4.1.

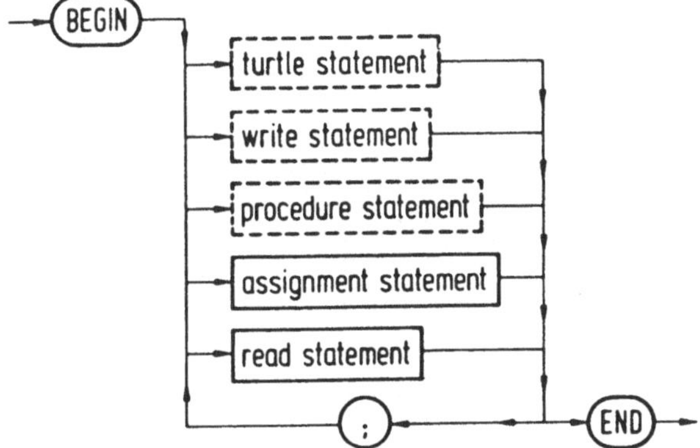

Bild 4.1

Zur Erinnerung: Die in Bild 4.1 in gestrichelten Rechtecken dargestellten auszuführenden Anweisungen ('executable statement') wurden bereits im 3.Kapitel behandelt.

4.1 Wertzuweisungs-Anweisung

Mit einer Wertzuweisungs-Anweisung ('assignment statement') weisen Sie einer Variablen (vgl. 4.2) eine andere Variable ('variable'), eine Konstante ('constant', vgl. 4.5.2) oder den Wert eines Ausdrucks ('expression', vgl. 4.7) zu, Bild 4.2. Hierbei müssen alle vom selben Datentyp (vgl. 4.3) sein.

Beispiel:

x := y;	Wert einer Variablen in eine andere übertragen (umspeichern, umtauschen)

```
e := 2.718282;        Wert durch Konstante zuweisen
x := (y + z)/t;       Wert eines Ausdrucks (Formel, Rechenregel)
```

assignment statement

variable → (:=) → variable / constant / expression →

Bild 4.2

- Was wird mit dieser Anweisung bei einem Ausdruck ausgeführt ?

Zunächst wird der Ausdruck ('expression, vgl. 4.7) rechts vom Zuweisungszeichen (:=) ausgewertet, um danach das Ergebnis der Variablen ('variable') auf der linken Seite zu übertragen. Der frühere Inhalt der Variablen geht bei dieser Zuweisung verloren. Bevor Sie mit dieser Anweisung arbeiten, sind noch die einzelnen Elemente wie Variable, Datentyp, Konstante und Ausdruck zu besprechen. Grundsätzlich ist zu beachten, daß sich das Zuweisungszeichen (:=) vom Gleichheitszeichen (=) unterscheidet. Das Gleichheitszeichen gehört zur Gruppe der Vergleichsoperatoren (vgl. 4.3.1).

4.2 Variable

4.2.1 Variable, allgemein betrachtet

Ohne es unmittelbar anzusprechen, handelt es sich bereits bei den Parametern (vgl. 3.3) um Variable. Zum Unterschied hat der Parameter bei BEGIN des Anweisungsteils einen Wert als Aktualparameter, die Variable nicht. Ihr muß ein Wert zugewiesen werden. Speicheradressen im Rechner werden mit einem Namen versehen, in denen Daten, die Variablen, gespeichert werden können.

Variablen

- stellen Objekte dar, denen zur Laufzeit des Programms Werte eines Datentyps (vgl. 4.3) zugewiesen werden. Diese charakteristische Eigenschaft von Pascal besagt: Der Datentyp jeder Variablen muß vor ihrer Verwendung festgelegt und das gesamte Programm hindurch beibehalten werden.

- schaffen eine Adresse im Speicher, in der ein Wert für den späteren Aufruf gespeichert werden kann. Ihr muß jedoch ein Wert vor einer folgenden Verarbeitung in einem Ausdruck zugewiesen werden, sonst ist er zufällig und bei jedem Programmlauf verschieden.
- haben zu jedem Zeitpunkt also nur einen Wert. Wird dieser Wert geändert, so ist der bisherige Wert vergessen. In jedem Falle behält die Variable einen Wert solange, bis ihr ein neuer Wert zugewiesen wird, d.h. sie hat den Wert, der ihr zuletzt (zeitlich) zugewiesen wurde.
- erhält ihren Wert durch eine Wertzuweisungs-Anweisung (vgl. 4.1), wobei der Datentyp (vgl. 4.3) der Elemente übereinstimmen muß.

Diese Variablen werden im einfachen Fall durch den Bezeichner einer ganzen vorzeichenlosen Zahl ('integer identifier') oder dem Bezeichner eines darstellbaren Zeichens ('character identifier') nach den Regeln eines Bezeichners ('identifier', vgl. Bild 2.3) gebildet, Bild 4.3.

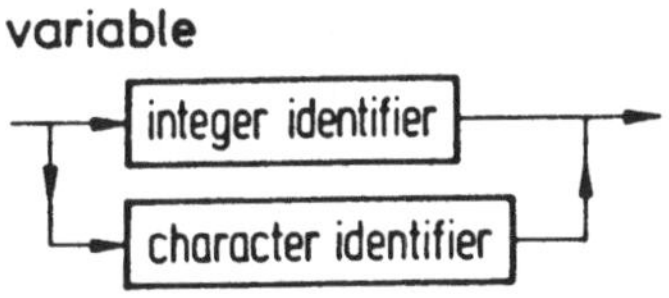

variable

integer identifier

character identifier

Bild 4.3

4.2.2 Variablendeklaration

Vor dem ersten Einsatz einer Variablen muß im Programm ihr Bezeichner ('identifier', vgl. Bild 2.3) hinter dem reservierten Wortsymbol VAR im Vereinbarungsteil mit dem Datentyp ('type identifier', vgl. Bild 3.6) vereinbart werden, Bild 4.4.

variable declaration

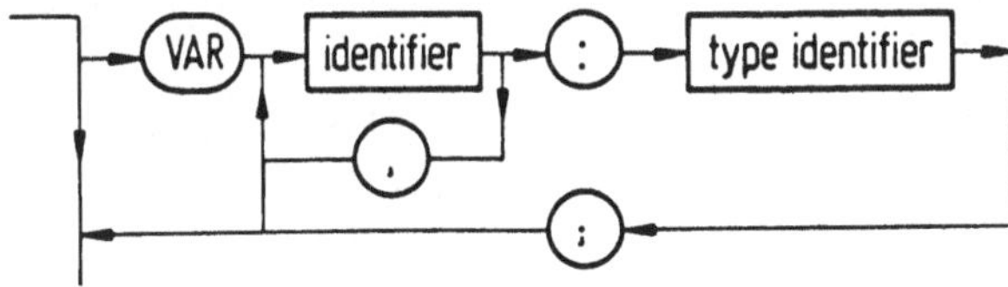

Bild 4.4

Das reservierte Wortsymbol VAR teilt dem Compiler mit, daß nun Variablen-Bezeichner ('identifier'), getrennt durch Kommata, folgen. Nach einem Doppelpunkt steht der zugeordnete Datentyp (vgl. 4.3) und ein Semikolon, um die Variablen von den nächsten Variablen eines anderen Datentyp zu trennen. Das Semikolon beendet schließlich die Variablendeklaration. Wir sprechen von einer Variablendeklaration mit dem reservierten Wortsymbol VAR.
Beispiel: Die Variablen i, j und k für ganze Zahlen schreiben Sie dann im Vereinbarungsteil so:

```
VAR i : INTEGER;
    j : INTEGER;
    k : INTEGER;
```

oder in sparsamer Schreibweise: `VAR i, j, k : INTEGER;`

Dadurch bekommt der Compiler mitgeteilt, daß die in der Variablendeklaration aufgeführten Bezeichner Variable sind, für die er den passenden Speicherplatz reserviert. Intern werden je nach Datentyp verschieden viele Bytes zur Aufnahme des Variablenwerts bereitgestellt.
Zur Erklärung: 'Byte' ist eine Maßeinheit für den Speicher. Ein Byte stellt eine Gruppe von 8 Bits dar, wobei ein Bit die kleinste Informationsmenge (0 oder 1) im Dualsystem ist.
Dies ermöglicht den Compiler-Entwurf zu vereinfachen, eine Programm-Disziplin zu erzwingen und dem Compiler zu helfen, die Richtigkeit der mit bestimmten Variablen ausgeführten Operationen zu untersuchen.

▷ Übung 4.1

Aufgabe: Variable in ein Programm einführen und diesen Variablen Integer-Werte zuweisen.

Teilaufgaben:

- Holen Sie das Programm L3.TRIANG3.TEXT (vgl. Übung 3.3) in den Editor.
- Vereinbaren Sie nach dem Syntaxdiagramm, Bild 4.4, die Variablen Strecke und Winkel vom Datentyp INTEGER.
- Weisen Sie diesen Variablen die gewünschten Werte (Integer-Konstante) zu, Bild 4.2, und ordnen Sie die Wertzuweisungs-Anweisungen unmittelbar nach der Anweisung INITTURTLE; an.
- Führen Sie in die Prozedur-Anweisung 'onetriangle;' statt der Integerkonstante einen Ausdruck ('expression', vgl. 4.7) ein, z.B. '4 * Strecke'.

- Gehen Sie bei der Anweisung TURN(Winkel); entsprechend vor.
- Speichern Sie das edierte und getestete Programm unter dem Namen L4.TRIANG1.TEXT ab (vgl. A1: Programm-Beispiele).

Der Vereinbarungsteil ('declaration part', vgl. Bild 2.4) kann nun die Variablen- (vgl. Bild 4.4) und die Prozedur- (vgl. Bild 3.3) Deklaration enthalten, Bild 4.5.

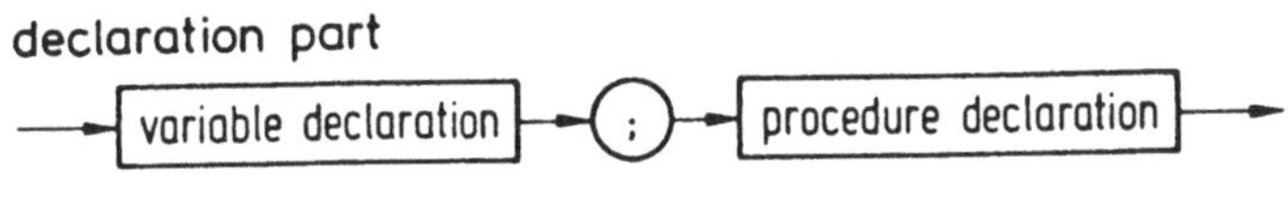

Bild 4.5

Zur Erinnerung: Eine vereinbarte Variable hat durch diese Vereinbarung noch keinen definierten Ausgangszustand, auch nicht den Wert Null. Im Programm muß ihr ein Wert zugewiesen werden (vgl. 4.1), bevor auf ihren Inhalt zugegriffen wird, sonst ist ihr Wert zufällig.

4.3 Standard-Datentypen

Vor dem ersten Einsatz einer Variablen muß im Programm immer ihr Datentyp vereinbart werden. Durch den Datentyp werden allgemein die Werte festgelegt, die eine Variable des entsprechenden Datentyps annehmen kann. In Standard-Pascal gibt es zwei verschiedene grundlegende Formen von Datentypen: die unstrukturierten und die strukturierten Typen, wobei die strukturierten Typen aus den unstrukturierten Typen entwickelt werden (vgl. 4.5.1). Die unstrukturierten Datentypen werden nach zwei verschiedenen Arten unterschieden: eingebaute (Standard-Datentypen, skalare Datentypen) und benutzerdefinierte (vgl. 4.5) Typen. Für jeden Datentyp gibt es besondere Operatoren (vgl. 4.3.1) und Standardfunktionen (vgl. 4.6.2).

Bei der Variablendeklaration (vgl. 4.2.2) mit dem reservierten Wortsymbol VAR werden zunächst mit dem Typ-Bezeichner ('type identifier') die eingebauten Standard-Datentypen: INTEGER, REAL, CHAR oder BOOLEAN und bei Apple Pascal der Datentyp STRING genannt. Diese Standard-Datentypen werden nun im einzelnen besprochen.

4.3.1 INTEGER für ganze Zahlen

Variable vom Datentyp INTEGER

- sind alle im Computer darstellbaren ganzen Zahlen, die zwischen den Grenzwerten -MAXINT und +MAXINT liegen. MAXINT ('maximum integer') ist eine vordefinierte Konstante, deren Größe abhängig von der Pascalversion ist (Apple Pascal: -32768 bis 32767);
- nehmen Nachkommastellen nicht auf;
- belegen wenig Speicherplatz (2 Bytes);
- werden schnell verarbeitet;
- sind insbesondere bei Variablenfeldern zu bevorzugen /4,28,30,38/.

LONG INTEGER ist ein Datentyp, der Integer-Werte größer als 32767 erlaubt. Im Apple Pascal sind dies ganze Zahlen bis zu 36 Stellen. In der Variablendeklaration wird dieser Datentyp mit einem Längen-Attribut verwendet /33,36/, z.B. VAR i : INTEGER[8]; besagt, die Variable kann eine Integerzahl bis zu 8 Ziffern sein.

In Pascal sind für ganze Zahlen (Integer) Rechenoperatoren und Vergleichsoperatoren vordefiniert. Die arithmetischen Operatoren lauten:

+	Addition, Vorzeichen für positive Zahlen
-	Subtraktion, Vorzeichen für negative Zahlen
*	Multiplikation
DIV	ganzzahlige Division, d.h. alle rechts vom Dezimalpunkt stehenden Ziffern werden unterschlagen (18 DIV 4 = 4)
MOD	Rest (modulus) der ganzzahligen Division (18 MOD 4 = 2)

Zusammenhang zwischen MOD und DIV:
A MOD B = A - ((A DIV B) * B)
Beispiel:
26 MOD 7 = 26 - ((26 DIV 7) * 7)
5 = 26 - (3 * 7)

Die Vergleichs-(Relations-)Operatoren liefern Ergebnisse vom Datentyp BOOLEAN (vgl. 4.3.4) und umfassen:

>	größer als	<	<kleiner als
>=	größer oder gleich	<=	kleiner oder gleich
=	gleich	<>	ungleich

Diese Vergleichsoperatoren können mit jedem skalaren Standard-Datentyp benutzt werden.
Die Standardfunktionen für ganze Zahlen werden in den Kapiteln 4.6.2 und 4.7.2 behandelt.

4.3.2 REAL für Dezimalzahlen in Gleitkomma-Darstellung

Variable vom Datentyp REAL
- umfassen alle im Computer darstellbaren reellen Zahlen;
- müssen mit einem Dezimalpunkt und mindestens je einer Ziffer links und rechts davon geschrieben werden (0.03);
- werden sowohl in der Exponential- als auch in der wissenschaftlichen Notation wiedergegeben (1.0E+2 entspricht 100);
- können maximal +- E38 (Exponentiale Notation) erreichen;
- begrenzen die Rechengenauigkeit auf 9 Stellen, d.h. liefern kein exaktes Ergebnis infolge Rundungsfehler;
- belegen einen Speicherplatz von 5 Bytes.

Die arithmetischen Operationen mit +, -, *, / liefern reelle Werte, wenn wenigstens ein Operand vom Datentyp REAL ist. Die unter 4.3.1 genannten Vergleichsoperatoren sind auch auf Operanden vom Datentyp REAL anwendbar (jedoch mit der üblichen Vorsicht bei Verwendung von gleich und ungleich) und liefern Ergebnisse vom Datentyp BOOLEAN. Vordefinierte Standardfunktionen mit reellen Ergebnissen werden im Kapitel 4.6.2 besprochen.

4.3.3 CHAR für alphanumerische Zeichen

Variable vom Datentyp CHAR
- umfassen darstellbare Zeichen wie Buchstaben, Ziffern oder sonstige Zeichen des gegebenen Geräts. Wichtig: Nur ein Zeichen !;
- werden im Standard-Pascal zwischen einfache Anführungsstriche (Apostrophe) geschrieben, also z.B. 'A' '*' ('' Leerzeichen);
- nehmen keine Zeichenketten wie z.B. 'AB' auf. Dies geschieht u.a. beim Apple Pascal durch Variable vom Datentyp STRING (vgl. 4.3.5);
- belegen einen Speicherplatz von 2 Bytes.

In den meisten Fällen wird ein alphanumerisches Zeichen in einem Byte (8 Bits) im ASCII-Kode dargestellt (ASCII - amerikanischer Standardkode zum Informationsaustausch), andere Geräte verwenden den EBCDIC-Kode. Die Reihenfolge der alphanumerischen Zeichen hängt von ihrer Kodierung in Binär-

zahlen ab. Dies sind auch die Werte, die miteinander verglichen werden. Wichtig ist noch der Hinweis:
Eine als alphanumerisches Zeichen angegebene Ziffer wird computerintern durch 8 Bits wiedergegeben. Wird dagegen die gleiche Ziffer als ganze Zahl gewählt, dann wird sie durch einen davon verschiedenen Kode dargestellt. Dieser Kode umfaßt je nach Pascalversion und Gerät 16 bis 32 Bits. Um eine gewisse Unabhängigkeit bei der Programmierung vom internen Kode eines Zeichens zu erhalten, wird mit Hilfe von Standardfunktionen eine Abbildung der Zeichenmenge auf eine Teilmenge der natürlichen Zahlen vorgenommen, vgl. 4.6.2.

4.3.4 BOOLEAN für BOOLEsche Wahrheitswerte

Variable vom Datentyp BOOLEAN
- umfassen die Wahrheitswerte, die durch die vordefinierten Bezeichner TRUE und FALSE angegeben werden;
- werden für logische Entscheidungen benutzt, insbesondere auch in den Steuerkonstrukten des Verzweigens (vgl. 5.4) und Wiederholens (vgl. 5.5).

Auf Werten von diesem Typ sind die folgenden Operatoren definiert:

- AND logische Konjunktion (sowohl als auch);
- NOT logische Negation (nicht);
- OR logische Disjunktion (oder).

Alle Vergleichsoperatoren (vgl. 4.3.1) liefern ein Ergebnis vom Datentyp BOOLEAN.

4.3.5 STRING für Zeichenketten

Bei Apple Pascal gehört zu den skalaren Standard-Datentypen außerdem noch der Datentyp STRING.
Variable vom Datentyp STRING sind Zeichenketten (eine Folge darstellbarer Zeichen) mit der festgelegten Länge von 80 Zeichen. Sie werden ohne Erläuterungen wie bisher (vgl. 2.7 und 3.4) verwendet. Weitere Ausführungen finden Sie unter '6 Zeichenketten, Stringverarbeitung'. Dort erfahren Sie, daß der Datentyp STRING auch mit Längen von 1 bis 255 Zeichen definiert werden kann. Ebenso werden Standard-Routinen dazu behandelt.

4.4 Variable im Programm

Variablen werden als <u>globale Variable</u> bezeichnet, wenn sie innerhalb des Blocks eines Hauptprogramms vereinbart wurden.

```
ä-----------------------------------------------------------------ü
(* Beispiele für Variablen-Deklaration, Wertzuweisungs-Anweisung *)
PROGRAM L4_demo1;
VAR  i,j,k      : INTEGER;  (* Variable vom Datentyp INTEGER      *)
     Flaeche,               (* 'Fläche' führt zur Fehlermeldung
     r,s                       beim Compilieren                   *)
     t          : REAL;     (* Variable vom Datentyp REAL         *)
     c1,c2      : CHAR;     (* Variable vom Datentyp CHAR         *)
     Nachricht,
     s1         : STRING;   (* Variable vom Datentyp STRING       *)
BEGIN
  (* Wertzuweisungs-Anweisung: Variable := Variable               *)
  i := 0;                   (* Datentyp INTEGER                   *)
  j := 1;                   (* aber nicht j := 1.0                *)
  k := i;                   (* Variablen-Zuweisung                *)
  r := 1.0;                 (* Datentyp REAL                      *)
  s := -1234567.8;
  t := -1.2345678E6;        (* Exponentiale Notation              *)
  Flaeche := r;             (* Variablen-Zuweisung                *)
  c1 := 'A';                (* Datentyp CHAR                      *)
  c2 := '!';
  c1 := c2;                 (* Variablen-Zuweisung                *)
                            (* Datentyp STRING                    *)
  Nachricht := 'Das ist eine gute Nachricht.';
  s1 := Nachricht;          (* Variablen-Zuweisung                *)
END.   (* L4.Demo1 *)
ä-----------------------------------------------------------------ü
```

Bild 4.6

▷ <u>Übung 4.2</u>

<u>Aufgabe</u>: Benutzen Sie die Vereinbarungen des Bildes 4.6, und erarbeiten Sie ein Programm, das diese Zusammenhänge überprüft und das in seiner Struktur modular (Teilaufgaben durch Prozeduren lösen) aufgebaut ist.

Teilaufgaben:

- Abhängig vom jeweiligen Datentyp ist eine dazugehörende Prozedur zu entwickeln, die z.B. beim Standard-Datentyp INTEGER den Prozedur-Bezeichner zeige_integer trägt.
- Jede Prozedur erhält oder enthält die Teilaufgaben: Titel, Wertzuweisung, Ergebnisanzeige und Umschalten mit (RETURN). Dadurch werden die Anweisungen im Hauptprogramm nur durch Prozeduraufrufe ohne Parameterliste gebildet.

Lösungsvorschlag, A1: Programm-Beispiele.

Zur Erinnerung: Jede Variable muß vor einer ausführbaren Anweisung im gleichen Block einmal vereinbart werden. Dabei gilt weiterhin: Globale Variablen sind im gesamten Programm verwendbar und können vom Anweisungsteil des Hauptprogramms und von fast jeder beliebigen Prozedur aufgerufen werden. Wird der gleiche Bezeichner dagegen lokal benutzt, liegt eine andere Wirkung vor. Die lokal vereinbarte Variable ist ein Teil der Prozedur, Bild 4.7. Vergleichen Sie hierzu den Lösungsvorschlag zur Übung 4.1 (A1: Programm-Beispiele). Vom Hauptprogramm aus besteht keine Zugriffsmöglichkeit zu dieser Variablen, denn die lokal gültige Vereinbarung übersteuert stets die globale Vereinbarung.

```
ä-----------------------------------------------------------------ü
PROCEDURE onetriangle( Strecke : INTEGER );
                       (* Formalparameter Strecke vom Datentyp INTEGER *)
VAR Winkel : INTEGER;  (* Variable "Winkel" gilt nur lokal             *)
BEGIN
  Winkel := 120;       (* Variable erhält Integer-Konstante zugewiesen *)
  PENCOLOR( WHITE );   (* Turtle-Farbe wählen, Turtle in Bildmitte     *)
  MOVE( Strecke );     (* translatorisch bewegen                       *)
  TURN( Winkel );      (* rotatorisch bewegen                          *)
  MOVE( Strecke );
  TURN( Winkel );
  MOVE( Strecke );
  TURN( Winkel );      (* Turtle in Ausgangsposition drehen            *)
  PENCOLOR( NONE );    (* Turtle-Anzeige ausschalten                   *)
END;  (* onetriangle *)
ä-----------------------------------------------------------------ü
```

Bild 4.7

4.5 Benutzerdefinierte Datentypen

In Pascal lassen sich, über die eingebaute Variablendeklaration durch das reservierte Wortsymbol VAR hinaus (vgl. 4.2.2), weitere Datentypen definieren. Dies sind

- die explizite Typendefinition durch das reservierte Wortsymbol TYPE.
- die implizite Typendefinition durch das reservierte Wortsymbol CONST.

Die so eingeführte Konstante bezeichnet einen festliegenden Wert mit einem bestimmten Datentyp.

4.5.1 Die explizite Typendefinition (TYPE)

Oft ist sinnvoller für die unter 4.3 besprochenen Standard-Datentypen andere Namen zu verwenden oder sogar neue Datentypen zu konstruieren. Diese Möglichkeit der Festlegung von Variablentypen bietet die Typdefinition ('type definition') im Vereinbarungsteil ('declaration part'). Ähnlich wie das reservierte Wortsymbol VAR wird nun das reservierte Wortsymbol TYPE verwendet, Bild 4.8.

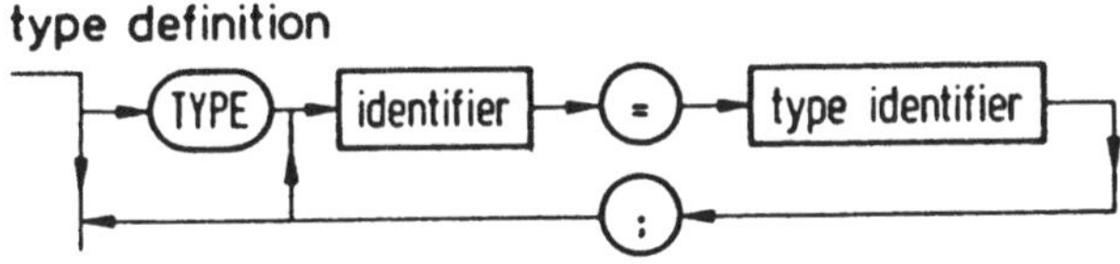

Bild 4.8

Dem vom Benutzer gewählten Bezeichner ('identifier', vgl. Bild 2.3) wird zunächst ein Standard-Datentyp (vgl. 4.3) zugewiesen.

```
Beispiel: TYPE  Tag, Monat, Jahr = INTEGER;

          VAR  I, K           : INTEGER;
               Zahltag        : Tag;
               Ratenbeginn    : Monat;
```

Durch die TYPE-Vereinbarung werden die Bezeichner Tag, Monat und Jahr mit dem Standard-Datentyp INTEGER über das Gleichheitszeichen (=) verbunden.

Mit der anschließenden Variablendeklaration kann der Benutzer aufgabenbezogene Bezeichnungen einführen. Wenn Sie für zweckgebundene Variable eigene Datentypen vereinbaren, nutzen Sie mehrere Vorteile:

- Der Compiler hilft, beim Compilieren Fehler zu vermeiden. Wird ein neuer Wert zugewiesen, prüft der Compiler, ob TYPE-Verträglichkeit vorliegt. Ist dies nicht der Fall, erscheint eine Syntax-Fehlermeldung. Der Compiler verhindert so, daß für unterschiedliche Zwecke gedachte Variable durcheinander gebracht werden, d.h. die Lesbarkeit und die Pflege von Programmen wird verbessert.
- Den Vorteil der Typendefinition erkennen Sie, sobald ein neu gewählter Datentyp nur eine genau begrenzte Anzahl von Werten (eine Aufzählung oder einen Teilbereich) umfaßt:

• Typdefinition durch Aufzählen (Aufzählungstyp, 'enumeration type')

Durch dieses Aufzählen wird der Datentyp ('type identifier') durch eine Liste von Bezeichnern definiert, die in runde Klammern eingeschlossen sind, Bild 4.9.

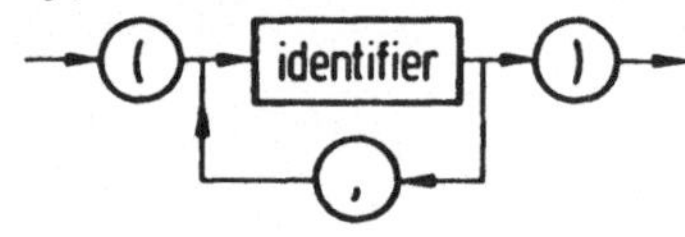

Bild 4.9

Die Reihenfolge der in Klammern eingeschlossenen Bezeichner ('identifier') bestimmt ihre Ordnungszahl im Datentyp.

Beispiele sind:

```
TYPE Herbst   = (September,Oktober,November);
     Namen    = (Karla,Karola,Karolin,Katja,Katrin);
     Farben   = (rot,gelb,grün,blau,weiß);

VAR  Spieltag : Herbst;
     KNamen   : Namen;
```

- Typdefinition auf einen Teilbereich (Unterbereich-Typ, 'subrange type')

Durch diesen Unterbereich-Typ wird ein Ausschnitt aus einem bestehenden, umfassenderen Datentyp (INTEGER, CHAR, BOOLEAN, Aufzählungstyp) festgelegt, Bild 4.10, d.h. die Werte von gewissen ganzzahligen Variablen bleiben innerhalb eines Intervalls.

Bild 4.10

Beispiel:

```
TYPE  Wochentag     = Montag..Freitag;
      Noten         = 1..6;
      Dreifarben    = grün..weiß;

VAR   Liefertag     : Wochentag;
      Durchschnitt  : Noten;
```

Sowohl Aufzählung als auch Teilbereich können in die Variablendeklaration verlegt werden:

```
VAR  Herbst        : (September,Oktober,November);
     Liefertag     : Montag..Freitag;
```

Die weiteren Datentypen in Pascal sind strukturiert, d.h. zusammengesetzt aus anderen Datentypen, ähnlich wie die strukturierten Anweisungen (vgl. 5) aus anderen Anweisungen gebildet werden. Dadurch wird erreicht, daß "ganze Wertemengen als Kollektiv mit einem Namen behaftet und behandelt werden können" /28/. Um strukturierte Datentypen zu definieren, sind zweierlei Angaben nötig:

- die Bezeichnung der Strukturart und
- die Angabe des Typs der Komponenten.

In diesem Trainingsbuch werden diese Datentypen nicht behandelt. Für interessierte Leser verweisen wir auf die Literatur /4,15,25,28-30,36/.

4.5.2 Die implizite Typendefinition (CONST)

Zahlen, Buchstaben, Zeichenketten kommen im Programm oft vor. Sie verändern sich jedoch nie. Im Pascal erhält die Konstante einen typischen Namen, unter dem sie benutzt werden kann. Eine Konstante bezeichnet also einen festliegenden Wert in einem bestimmten Datentyp. Damit diese Konstantenwerte im Programm anschaulicher sind, ersetzen wir sie durch einen symbolischen Namen, z.B. PI = 3.14159.
Derartige symbolische Namen werden im Vereinbarungsteil durch die Konstantendefinition ('constant definition') vereinbart:

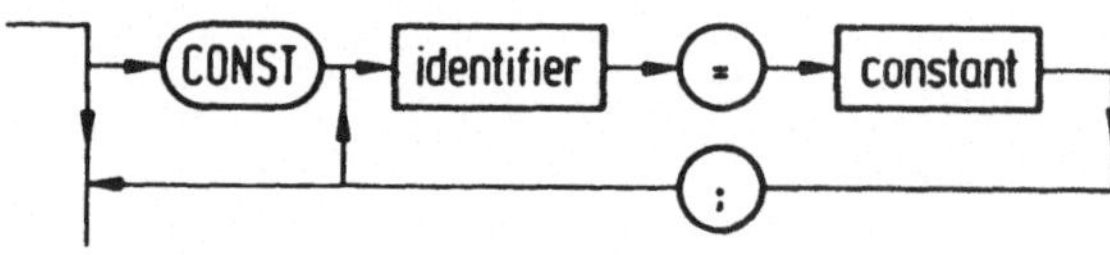

Bild 4.11

Der symbolische Name ('identifier') erhält damit den Datentyp, den der ihm zugewiesene Konstantenwert ('constant') trägt:

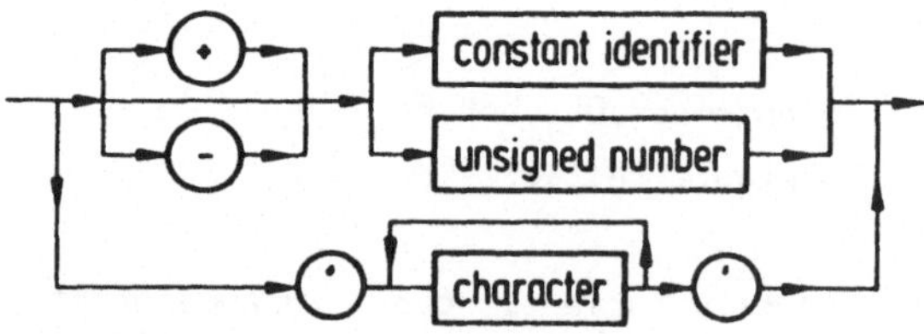

Bild 4.12

Beispiel:

```
CONST MinusPI = -PI;
      MAXINT  = 32767;
      PI      = 3.14159;
      Dollar  = '$';
      Ruf     = 'Hier sind wir !';
```

Dieses Vorgehen ist zu empfehlen, wenn eine Zahl, ein Zeichen oder eine Zeichenkette häufiger im Programm gebraucht wird. Auf diese Weise ist eine Konstante nur im Vereinbarungsteil zu ändern, d.h. mögliche Programmänderungen werden so weniger fehleranfällig.
Je nach Datentyp werden die Konstanten, Bild 4.12, nach freier Wahl eines Vorzeichens aus

- einem Konstantenbezeichner ('constant identifier') wie -PI oder
- einer vorzeichenlosen Zahl ('unsigned number') als Integer-Konstante ('integer constant', vgl. Bild 2.10) oder als Real-Konstante, Bild 4.13, gebildet.

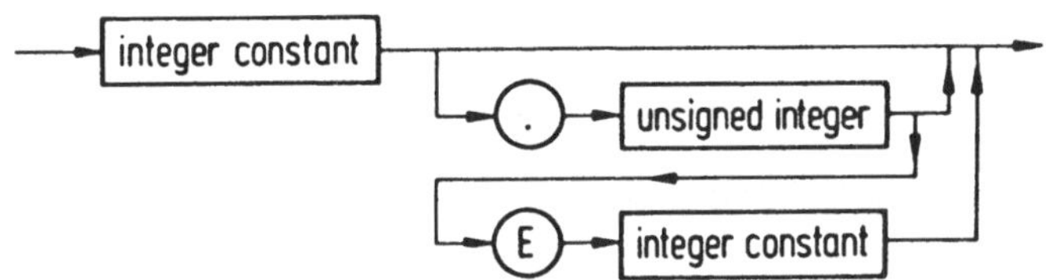

Bild 4.13

Konstante können auch eine Konstante eines darstellbaren Zeichens ('character constant', Bild 4.14) oder einer Zeichenkette ('string constant') sein (vgl. Bild 2.14).

Bild 4.14

Korrekte Beispiele für ganzzahlige und reelle Konstante sind:

3 03 6278 0.6 5E-8 1E10 49.23E8

Unkorrekt dagegen sind:

2,784,168 XII .6 E10 5.E-15

Beispiele für Konstanten-Vereinbarung und die Verwendung in der Wertzuweisungs-Anweisung sind im Programmbeispiel, Bild 4.15 zusammengestellt. Wie sie aus dem Beispiel ersehen, kann auf Konstanten mit Zuweisung nur lesend zugegriffen werden. Konstanten dürfen nur rechts vom Zuweisungszeichen (:=) stehen. Sie dürfen ebenso nicht durch Wertzuweisungen verändert werden.

```
ä--------------------------------------------------------------------ü
PROGRAM L4_Demo2;
CONST
       eins     = 1;              (* Konstante vom Datentyp INTEGER *)
       max      = 1000;
       pi       = 3.141592653;    (* Konstante vom Datentyp REAL    *)
       e        = 2.718281828;
       big      = 1E35;
       eps      = 1E-35;
       null     = '0';            (* Konstante vom Datentyp CHAR    *)
       leer     = ' ';
       a        = 'A';
       hallo    = 'Guten Abend';  (* Konstante vom Datentyp STRING *)
       tschuess = 'Auf Wiedersehen !';
       nix      = '';
VAR    i,j      : INTEGER;
       r,s,
       flaeche  : REAL;
       c1,c2    : CHAR;
       s1,s2    : STRING;
BEGIN
  (* Wertzuweisungs-Anweisung: Variable := Konstante; *)
  i       := eins;               (* Datentyp INTEGER *)
  j       := i + eins;
  r       := 5.3;                (* Datentyp REAL    *)
  s       := 1000;
  c1      := a;                  (* Datentyp CHAR    *)
  c2      := null;
  s1      := hallo;              (* Datentyp STRING  *)
  s2      := tschuess;
END.   (* L4_Demo2 *)
ä--------------------------------------------------------------------ü
```

Bild 4.15

4.6 Funktionen

Ein Pascal-Bezeichner, der mit einem oder mehreren Argumenten eine bestimmte Operation ausführt und ein Ergebnis liefert, wird Funktion genannt.

4.6.1 Benutzerdefinierte Funktionen

Im gleichen Sinne wie Prozeduren (vgl. 3.1) werden Funktionen (Wortsymbol FUNCTION) als Unterprogramme im Vereinbarungsteil des Hauptprogramms deklariert ('program with function'), Bild 4.16.

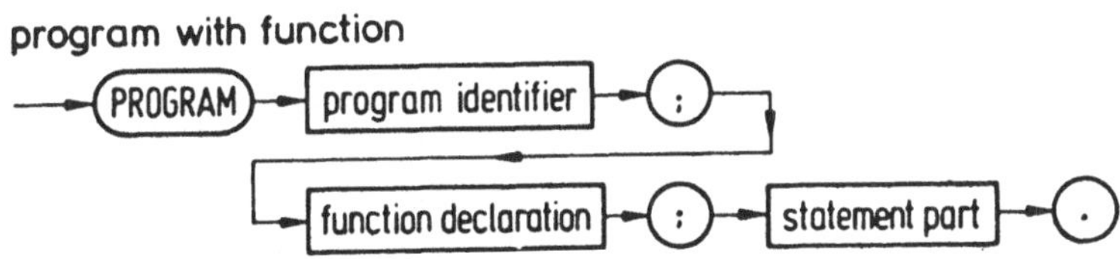

Bild 4.16

Die Funktionsvereinbarung ('function declaration', Bild 4.17) unterscheidet sich von der einer Prozedur (vgl. Bild 3.3) nur durch den Funktionskopf, der vor dem Semikolon stets den Datentyp ('type identifier') enthält.

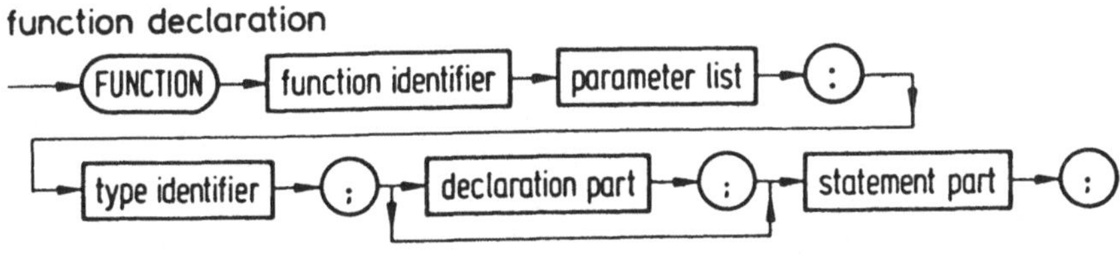

Bild 4.17

Die Funktion liefert stets ein Ergebnis zurück, dessen Datentyp ('type identifier') im Funktionskopf angegeben werden muß. Dem Bezeichner der Funktion ('function identifier') muß im Funktionsblock ausdrücklich ein Wert zugeordnet werden. Das bedeutet, daß in der letzten Programmzeile des Anweisungsteils im Unterprogramm eine Wertzuweisungs-Anweisung stehen muß, deren Variable links vom Zuweisungszeichen (:=) dem Bezeichner der Funktion ('function identifier') entspricht. Wir bezeichnen diese Anweisung als Wertzuweisungs-Anweisung (Funktion), ('assignment statement (function)', vgl. Bild 4.18).

assignment statement (function)

function identifier → (:=) → expression

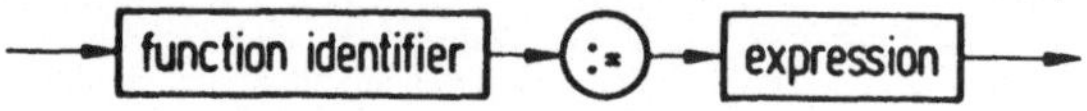

Bild 4.18

Der so erhaltene Wert wird von der Funktion an den aufrufenden Ausdruck zurückgeliefert. Ein Funktionsaufruf ('function statement') ist immer nur als Bestandteil eines Ausdrucks (vgl. 4.7) zu benutzen, Bild 4.19.

function statement

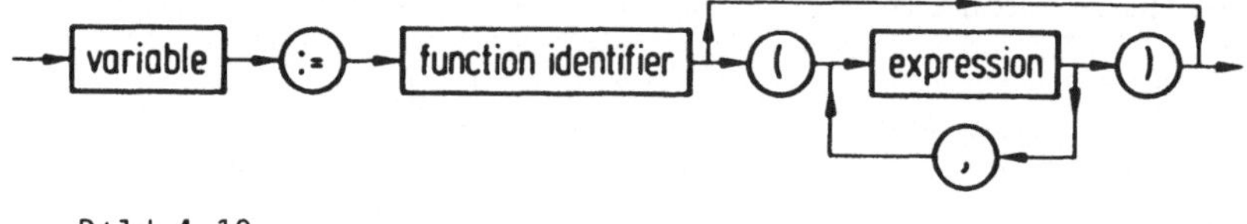

Bild 4.19

Das folgende Programmbeispiel erläutert diesen Zusammenhang:

```
ä---------------------------------------------------------------ü
PROGRAM Quadrat_Umfang;
VAR Strecke, Umfang : INTEGER;
FUNCTION Berech_Umfang( s : INTEGER ): INTEGER;
BEGIN
  Berech_Umfang := 4 * s;
END;   (* FUNCTION Berech_Umfang *)
BEGIN
  Strecke := 5; Umfang  := Berech_Umfang( Strecke );
  WRITELN( 'Das Quadrat der Seitenlänge ',Strecke:3,' in mm' );
  WRITELN( 'hat den Umfang von          ',Umfang:3,' mm.' );
END.   (* Quadrat_Umfang *)
ä---------------------------------------------------------------ü
```

Bild 4.20

4.6.2 Standardfunktionen

Einige häufige Teilalgorithmen stehen uns unmittelbar als Standardfunktionen zur Verfügung, Tabelle 4.1. Eine Standardfunktion wird in Pascal immer durch einen Standardbezeichner wiedergegeben, dem in runden Klammern die zu bearbeitenden Werte (die Funktionsargumente) folgen. Sie erzeugt für den Wert einer Variablen oder eines arithmetischen Ausdrucks einen arithmetischen Funktionswert der angegebenen Bedeutung. Ein solcher Funktionswert kann unmittelbar als Operand in einem arithmetischen Ausdruck verwendet werden.

Funktionsaufruf	liefert als Funktionswert
ABS(n)	den Absolutwert von n
ROUND(n)	den auf die nächste ganze Zahl gerundeten Wert von n
SQR(n)	das Quadrat von n, d.h. n * n
TRUNC(n)	den ganzzahligen Teil von n
CHR(i)	das Zeichen, dessen interne Kode-Darstellung den Wert i hat. (i = 0..255)
ODD(i)	Wert TRUE, wenn i gerade ist
ORD(o)	die Ordnungszahl des durch o definierten Zeichens
PRED(o) := CHR(ORD(o)-1)	das Zeichen, das im verwendeten Kode-Alphabet dem Zeichen o vorangeht (bis auf das erste Zeichen)
SUCC(o) := CHR(ORD(o)+1)	das nachfolgende Zeichen von o (bis auf das letzte Zeichen)

n INTEGER oder REAL   i INTEGER   o CHAR

Tabelle 4.1

Weitere Standardfunktionen werden unter '6 Zeichenketten, Stringverarbeitung' genannt.

Apple Pascal besitzt außerdem eine Sammlung mathematischer Funktionen, die in der UNIT TRANSCEND der Programm-Bibliothek (vgl. A3) enthalten sind, Tabelle 4.2. Im Programm teilen Sie im USES Block dem Compiler mit, wenn auf diese Unit zugegriffen werden soll. Vergleichen Sie hierzu die Verwendung der UNIT TURTLEGRAPHICS unter 2.5

Funktionsaufruf	Typ des Arguments	Typ des Ergebnisses	Beschreibung
ATAN(x)	INTEGER	INTEGER	Arcus Tangens von x,
	REAL	REAL	Ergebnis im Bogenmaß
COS(x)	INTEGER	INTEGER	Cosinus von x,
	REAL	REAL	x im Bogenmaß
EXP(x)	INTEGER	REAL	Wert von e hoch x
	REAL	REAL	(e = 2.718282)
LN(x)	INTEGER	REAL	Logarithmus von x zur
	REAL	REAL	Basis e (x) 0)
LOG(x)	INTEGER	REAL	dekadischer Logarith-
	REAL	REAL	mus von x
SIN(x)	INTEGER	REAL	Sinus von x,
	REAL	REAL	x im Bogenmaß
SQRT(x)	INTEGER	REAL	Quadratwurzel aus x,
	REAL	REAL	(x)= 0)

Tabelle 4.2

Das Argument jedes Standard-Funktionsaufrufs kann ein beliebiger Ausdruck sein. Der Wertebereich ist bei LN und SQRT eingeschränkt.

4.7 Ausdruck

4.7.1 Arithmetischer Ausdruck

Bisher bildete die rechte Seite einer Wertzuweisungs-Anweisung ('assignment statement') eine andere Variable oder eine Konstante. Nun wird eine Möglichkeit gezeigt, neue Werte über Ausdrücke ('expression', vgl. Bild 4.2) zu berechnen. Mögliche Wertzuweisungen mit Ausdrücken werden beispielhaft im Programm L4_Arith_Ausdruck, Bild 4.21, dargestellt, wobei z.B. die Fläche der Variablenname und r * r * PI der arithmetische Ausdruck ist.

```
ä---------------------------------------------------------------ü
PROGRAM L4_Arith_Ausdruck;
CONST  PI = 3.14159;
VAR    r, s, x, y,
       Flaeche, Umfang : REAL;    (* Fläche bewirkt Fehlermeldung *)
BEGIN
  r       := 3.5;               (* Variable r erhält Anfangswert   *)
  Flaeche := r * r * PI;        (* Fläche und Umfang eines Kreises *)
  Umfang  := 2 * r * PI;        (* berechnen *)
  x       := 1.5;
  y       := 1.2;
  s       := 4 * SQR( x + y ) / ( x - y ); (* SQR, vgl. 4.6.2   *)
END.  (* L4.ArithAusdruck *)
ä---------------------------------------------------------------ü
```

Bild 4.21

Für die Schreibweise derartiger arithmetischer Ausdrücke wird ein bereits bei der Programmiersprache FORTRAN entwickeltes Verfahren verwendet/4/. Operanden, Operatoren und Klammerpaare bilden die Elemente eines arithmetischen Ausdrucks.

Konstante, Variable und Funktionsaufrufe (vgl. Bild 4.19) sind die Operanden, die durch Operatoren verknüpft werden. Spezieller ausgedrückt sind Operanden ganzzahlige Variable ('integer variable', vgl. Bild 4.3), vorzeichenlose Konstante ('unsigned constant', vgl. Bild 4.12), eingebaute Funktionen mit einem Argument vom Datentyp INTEGER ('integer-valued built-in function', vgl. Tabelle 4.1) oder Terme ('term', Bild 4.22).

term

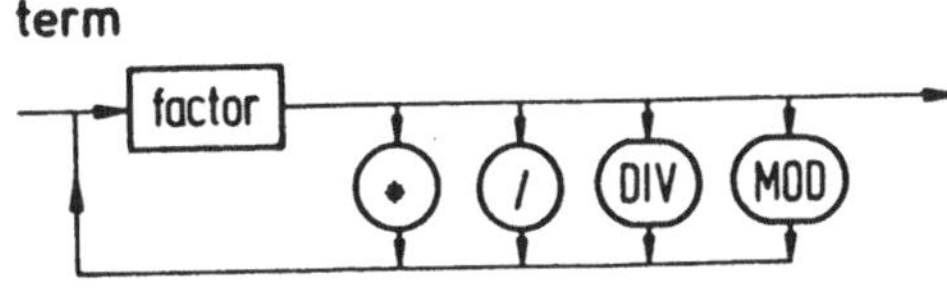

Bild 4.22

Die Operatoren + und - können als Vorzeichen und als Operatoren für Addition und Subtraktion in einem arithmetischen Ausdruck ('arithmetic expression', Bild 4.23) stehen.

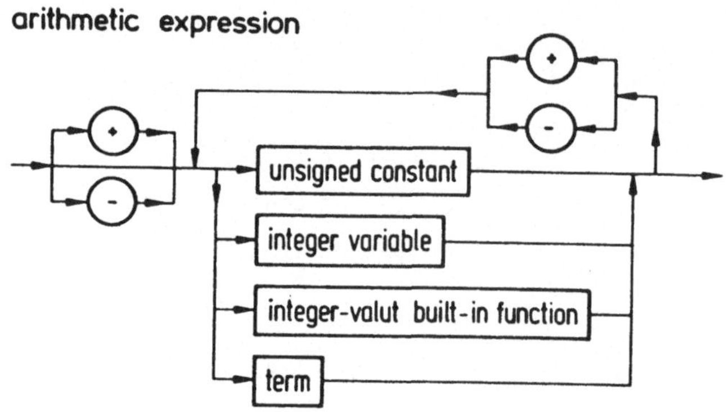

Bild 4.23

Die Operatoren *, /, DIV und MOD müssen immer zwischen zwei Operanden stehen. Der Faktor ('factor') ist ein in Bild 4.24 beschriebener Operand, der u.a. auch wieder ein arithmetischer Ausdruck sein kann.

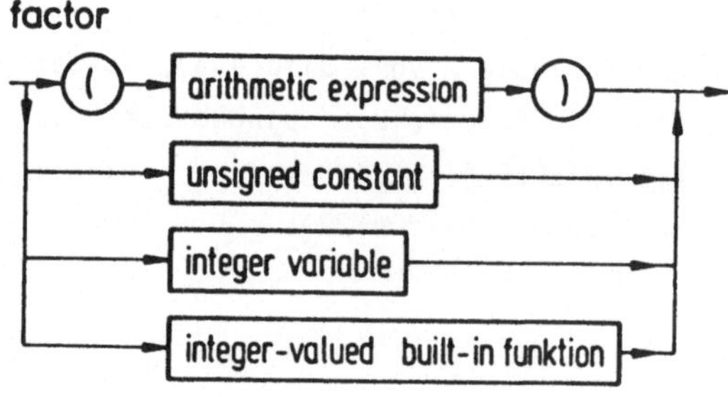

Bild 4.24

Neben Vorrangregeln ist die Struktur solcher Ausdrücke für das Rechenergebnis wichtig. Bevor Sie diese arithmetischen Ausdrücke anwenden, sollten Sie die Antworten zu folgenden Fragen lesen.

• In welcher Reihenfolge werden Operationen ausgeführt, wenn mehr als ein Operator vorhanden ist ?

Die Auswertung eines arithmetischen Ausdrucks geschieht in der Reihenfolge folgender Auflistung:

- Ausdrücke in Klammern;
- Exponentationen (vgl. Tabelle 4.3);
- Multiplikationen und Divisionen (*, /, DIV, MOD);
- Additionen und Subtraktionen (+, -).

Bei ineinandergeschachtelten Klammerpaaren wird der Inhalt des innersten Klammerpaares zuerst bearbeitet. Bei Konkurrenz von Operationen gleicher Operatorklasse wird von links nach rechts ausgewertet. Wegen möglicher Rundungsfehler ist im allgemeinen (A + B) + C <> A + (B + C).
Grundsätzlich gilt: Die Abarbeitungsfolge läßt sich durch das Setzen von Klammern beeinflussen. Andererseits erleichtern Klammern innerhalb von komplizierten Ausdrücken das Lesen und Verstehen dieser Ausdrücke. Auf diese Weise unterteilen Sie komplizierte Strukturen in überschaubare Teile, wie Sie es auch bei der strukturierten Programmierung in Moduln, d.h. bei den Prozeduren (vgl. 3.1) und den strukturierten Anweisungen (vgl. 5), anwenden.

• Wie gehen Sie vor, wenn Operanden von verschiedenem Datentyp zu verknüpfen sind ?

Beachten Sie folgende Regeln:
- Integer-Werte sind in den Ausdrücken mit Operanden vom Datentyp REAL und LONG INTEGER erlaubt.
- Ausdrücke mit Integer- und Real-Werten bewirken, daß die Integer-Werte automatisch in Real-Werte umgewandelt werden. Das Ergebnis dieser Ausdrücke ist vom Datentyp REAL.
- Ausdrücke mit Integer- und Long Integer-Werten führen zu Long Integer-Ergebnissen.
- Long Integer- und Real-Werte dürfen in Ausdrücken nicht gleichzeitig verwendet werden.

Beachten Sie die Tabelle 4.1, wenn Sie eine Typanpassung vornehmen müssen.

- Was beachten Sie, wenn Sie den arithmetischen Ausdruck einer Variablen zuweisen ('assignment statement') ?

Ausdrücke haben einen Wert, Anweisungen eine Wirkung. Die Wertzuweisungs-Anweisung ordnet einer Variablen einen neuen Wert zu. Anweisungen werden durch ein Semikolon voneinander getrennt.

Beispiel: Die mathematische Formel $y = 0.75x + 0.55z$ müßte in Pascal in der Form

```
Y := 0.75 * X + 0.55 * Z;
```

geschrieben werden. Geben Sie der links vom Zuweisungszeichen (:=) stehenden Variablen nie ein Vorzeichen.

- Was bewirkt die Auswertung im Computer ?

Durch die Wertzuweisungs-Anweisung Y := 0.75 * X + 0.55 * Z; wird im Computer eine Kette von Operationen ausgelöst. Um sich die dabei ablaufenden Vorgänge zu veranschaulichen, sei auf die Literatur /4, 22/ verwiesen. Überlassen Sie es nicht dem Zufall, geben Sie den Variablen stets einen Anfangswert.

▷ Übung 4.3

Aufgabe:

Entwickeln Sie ein Programm, mit dem Sie die Wirkung der Wertzuweisungs-Anweisung ('assignment statement', vgl. Bild 4.2) mit arithmetischen Ausdrücken ('expression') überprüfen.

Teilaufgaben:

- In einer Prozedur Kreis berechnen Sie den Umfang und die Fläche eines Kreises und geben die Ergebnisse formatiert aus. Die Formeln sind im Programm, Bild 4.21, enthalten.
- Berechnen Sie ebenfalls die in diesem Bild enthaltene Beziehung für s.
- Überprüfen Sie in einer weiteren Prozedur die Wirkung der Rechenoperatoren DIV und MOD. Informieren Sie sich im Abschnitt 4.3.1 und verwenden Sie folgende arithmetische Ausdrücke:

```
i    := 5 - ((-3 * 3) + 10);
j    := (3 * 3) + (2 * 2);
k    := j DIV i;
Rest := j MOD i;
```

- Untersuchen Sie in einer dritten Prozedur folgende Behauptung:

$$\frac{(1 + x)^2 - 1}{x} = \frac{(1 + 2x + x^2) - 1}{x} = \frac{2x + x * x}{x} = 2 + x$$

Beachten Sie beim Umsetzen die computergerechte Schreibweise.
Berechnen Sie jeden Ausdruck getrennt, und vergleichen Sie die Ergebnisse.
o Feststellung: Obwohl mathematisch alles gleich ist, liefern verschiedene Arten der Berechnung im Computer unterschiedliche Ergebnisse.
Lösungsvorschlag: A1: Programm-Beispiele, PROGRAM L4_Demo3;

4.7.2 Vergleichsausdrücke, logische Ausdrücke

Arithmetische Ausdrücke ergeben stets einen numerischen Wert. Bei Vergleichsausdrücken werden arithmetische Ausdrücke miteinander verknüpft und für logische Entscheidungen (vgl. 5.4 und 5.5) benutzt, Bild 4.25. Das Ergebnis ist vom Datentyp BOOLEAN (vgl. 4.3.4). Stimmt die Bedingung, die durch den Vergleichsoperator gegeben ist, dann wird dem vergleichenden Ausdruck der Wahrheitswert TRUE zugeordnet, sonst FALSE.

expression

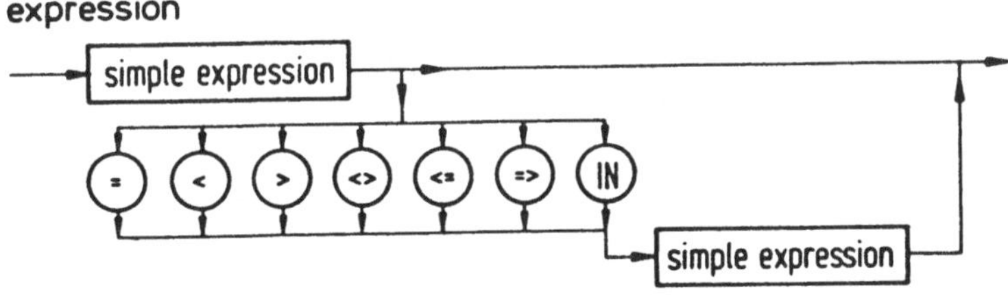

Bild 4.25

Mit den abgebildeten Vergleichsoperatoren (vgl. 4.3.1) werden Vergleichsoperationen gebildet, in denen datenkompatible Ausdrücke ('simple expression', 4.26) miteinander verglichen werden, um das Ergebnis TRUE oder FALSE zu erhalten. Ausdrücke der Datentypen INTEGER und REAL sind typenkompatibel. Diese Vergleichsoperatoren fordern die in Bild 4.25 verwendete Schreibweise. So darf nie die vorgegebene Reihenfolge der Operatorzeichen verändert werden. Bei den Vergleichsoperatoren gibt es keine Hierarchie, da pro

Ausdruck nur ein Vergleichsoperator zulässig ist. Beim Vergleich reeller Werte sollten Sie darauf achten, daß reelle Werte im Computer nicht exakt gespeichert werden und bei der Berechnung der arithmetischen Ausdrücke fast immer Rundungsfehler auftreten. Um z.B. die beiden arithmetischen Ausdrücke aA1 und aA2 auf Gleichheit zu untersuchen, sollten Sie folgende Form

ABS(aA1 - aA2) < EPS

verwenden, wobei EPS (eine Abkürzung für Epsilon) einen der Genauigkeitsforderung entsprechenden Wert besitzen muß.

simple expression

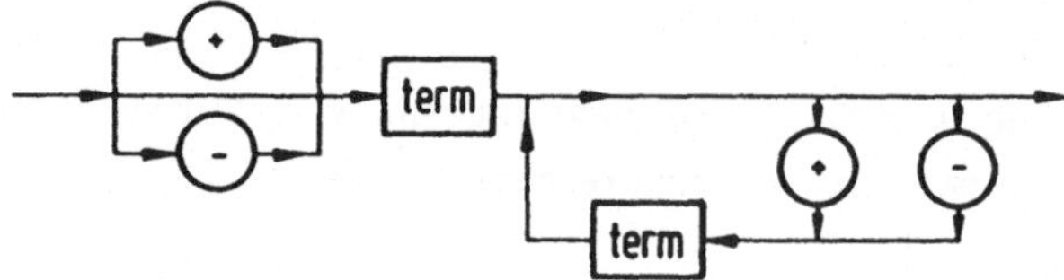

Bild 4.26

Bei logischen Ausdrücken werden logische Größen durch die logischen Operatoren AND und/oder OR (vgl. 4.3.4) miteinander verbunden. Diese logischen Ausdrücke unterliegen in Pascal der Bedingung, daß alle Unterausdrücke in Klammern eingeschlossen sein müssen, sofern sie nicht mit NOT beginnen. Mehr über logische Ausdrücke erfahren Sie unter 5.4.1.

▷ Übung 4.4

Aufgabe: Wenden Sie eingebaute Standard-Routinen (vgl. Tabelle 4.1) und die der Unit TRANSCEND (vgl. Tabelle 4.2) zur Berechnung von Umfang und Fläche eines gleichseitigen Dreiecks an.

Teilaufgaben:

- Entwickeln Sie eigenständige Berechnungs- und Ausgabemoduln für die lokal vereinbarten Variablen Umfang und Fläche (Flaeche) mit der Parameterliste (Strecke vom Standard-Datentyp INTEGER).
- Vereinbaren Sie die Seiten des Dreiecks als Integerkonstante und die Variable Strck vom Standard-Datentyp INTEGER.
- Weisen Sie im Anweisungsblock des Hauptprogramms der Variablen Strck die Integerkonstante Seite zu. Rufen Sie mit dieser Variablen als Aktualparame-

ter die jeweilige Prozedur auf.

- Geben Sie alle Rechenwerte als Integerwerte formatiert aus.

Lösungsvorschlag: A1:Programm-Beispiele.

4.7.3 Ausdrücke mit Standardfunktionen

In der Tabelle 4.3 sind einige Formeln enthalten, die mit Standardfunktionen entwickelt wurden.

Beschreibung	Formel	
Phytogoras	c := SQRT((a * a) + (b * b));	
Zahl PI	PI := (4 * ATAN(1));	
Exponentation x hoch y	XPON := EXP(y * LN(x));	(x) 0)

Tabelle 4.3

4.8 Die READ-Anweisung

Bisher lernten Sie die explizite Eingabe von Daten in ein Programm durch Wertzuweisungs-Anweisungen kennen. Wollen Sie dagegen die Eingabe variabel gestalten und gleichzeitig die Ergebnisse von Eingabe und Rechnung betrachten, dann ist ein Programm mit den Eingabe-Anweisungen READ(Variable); oder READLN(Variable); zu ergänzen, Bild 4.27.

```
PROGRAM L4_Arith_Ausdruck2;
VAR    Radius, Flaeche, Umfang : REAL;
BEGIN
  WRITELN( 'Radius (Realwert) eingeben: ' );
  READ( Radius );
  :
END.   (* L4_Arith_Ausdruck2 *)
```

Bild 4.27

Bei dem Eingabevorgang mit der READ-Anweisung wird der Variablen Radius ein Wert zur weiteren Verarbeitung zur Verfügung gestellt. Betrachten Sie zunächst das Syntaxdiagramm für die beiden Eingabe-Anweisungen, Bild 4.28.

read statement

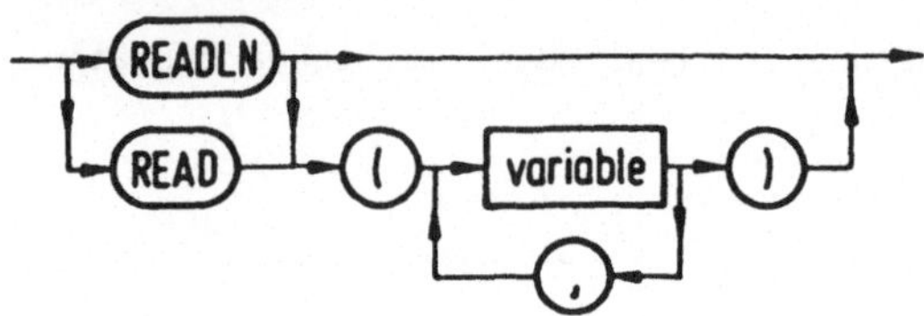

Bild 4.28

In bisherigen Programmbeispielen, insbesondere in den Grafik-Programmen, verwendeten wir die READLN-Anweisung. Diese eingebaute Anweisung erzeugt einen Programm-Stop und bewirkt im Programmablauf ein solanges Warten, bis durch den Benutzer (RETURN) gedrückt wird.

Testen Sie den Eingabevorgang in einem einfachen Programm, Bild 4.29. Beachten Sie stets: Die über die Tastatur einzugebenden Datenelemente müssen gültige Konstanten des entsprechenden Datentyps sein, wobei bei der Wertzuweisung das Einlesen einer Integerkonstanten für eine Variable des Datentyps REAL erlaubt ist.

```
ä-----------------------------------------------------------------ü
PROGRAM READ_Eingabe;
VAR a, b, c, d : REAL;
BEGIN
  WRITE( CHR( 12 ));
  WRITELN( 'Vier Realwerte (z.B. 2.2 3.4 5.7 3.75) eingeben: ' );
  READ( a, b, c, d );
  (* weitere Anweisungen wie z.B. *)
  WRITELN( 'a = ',a:8:2 );
  :
END.   (* READ_Eingabe *)
ä-----------------------------------------------------------------ü
```

Bild 4.29

Variieren Sie den Datentyp der Variablen im Programm, Bild 4.29, und beobachten Sie die Wirkung einer falschen Eingabe. Sie erkennen dabei:

- Die READ-Anweisung fährt mit der Datenübernahme in der gerade gegebenen Zeile fort, wobei zwischen den Datenelementen vom Datentyp INTEGER und REAL mit Leerzeichen getrennt wird. Wollen Sie beim Eingeben der Daten durch eine Pfeiltaste korrigieren, erhalten Sie unmittelbar danach eine Fehlermeldung. Informieren Sie sich in den Manuals /32..36/.
- Der Unterschied zur READLN-Anweisung ist unwesentlich. Er stammt aus der Zeit, in der die Eingabe über Lochkarten erfolgte. Auf jeder Karte war genau eine Textzeile festgehalten. READLN bewirkte den Kartenaustausch im Lesegerät.

▷ Übung 4.5

Aufgabe

Ein modular aufgebautes Programm zum Berechnen von Umfang und Fläche eines Kreises ist zu entwickeln.

Teilaufgaben:

- Wählen Sie für die einzelnen Unterprogramme (Prozeduren oder Funktionen) folgende Programmstruktur:
  - Berechnungsmodul (PROCEDURE Berechne (Radius : REAL);) mit der Konstantendefinition CONST PI = 3.14159; und den eingeschlossenen Funktionen:

```
FUNCTION Umfang(Rad : REAL): REAL;

FUNCTION Flaeche(Rad : REAL): REAL;
```

  - Titel- und Eingabemodul mit den Teilfunktionen:
    - Bildschirm löschen;
    - Aufgabe des Programms als Titel anzeigen;
    - Radius als Realwert anfordern.
  - Ausgabemodul für die Variablen Radius, Umfang und Fläche, die nach einer Stringkonstanten formatiert ausgegeben werden.
- Rufen Sie im Anweisungsteil des Hauptprogramms den Eingabemodul nur mit dem Prozedurbezeichner auf. Die Aufrufe der Berechnungs- und Ausgabemoduln sind mit Aktualparametern vorzunehmen.
- Speichern Sie das entwickelte Programm mit dem Namen L4.KREIS1.TEXT ab.

Lösungsvorschlag: A1: Programm-Beispiele.

4.9 Zusammenfassende Darstellung

Die Elemente des Vereinbarungs-/Deklarationsteils ('declaration part') eines Pascal-Programms werden vorwiegend in diesem Kapitel besprochen. Obwohl Sie in den einzelnen Abschnitten die Syntaxdiagramme dazu finden, wird im Bild 4.30 zusammenfassend gezeigt, wie die Größen zu vereinbaren sind, die im Anweisungsteil benötigt werden.

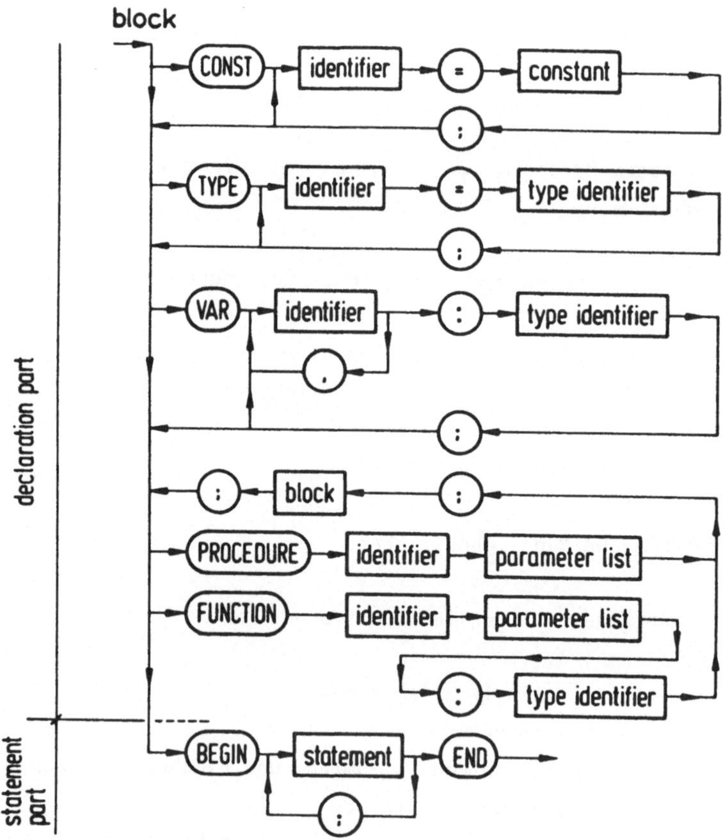

Bild 4.30

So werden nach dem reservierten Wortsymbol CONST einem Konstanten-Bezeichner für das Programm festliegende Konstantenwerte zugeordnet. Mit diesen Konstantenwerten ist gleichzeitig der Datentyp des Konstanten-Bezeichners definiert (vgl. 4.5.2). Dies ist dann zu empfehlen, wenn die gleiche Konstante häufiger im Programm gebraucht wird. Ein mögliches Ändern ist nur einmal nötig.

Das reservierte Wortsymbol TYPE leitet die Typdefinition ein, über die einem Bezeichner ein Datentyp gegeben werden kann. Dies ermöglicht, unabhängig von den Standard-Datentypen INTEGER, REAL, CHAR oder BOOLEAN und bei Apple Pascal noch STRING aufgabenspezifische Bezeichner zu benutzen, aber auch, andere Datentypen wie u.a. Aufzählungstyp, Unterbereich-Typ zu definieren (vgl. 4.5.1). Diese anderen Datentypen umfassen nur eine genau begrenzte Anzahl von Werten (eine Aufzählung oder einen Teilbereich).

Nach dem reservierten Wortsymbol VAR werden eine oder mehrere Variable mit einem festgelegten Datentyp vereinbart (vgl. 4.2.2). Dies sind die Standard-Datentypen (vgl. 4.3) oder vom Benutzer durch Typdefinition erzeugte Datentypen (vgl. 4.5). Damit wird dem Compiler mitgeteilt, daß für diese Variable der passende Speicherplatz reserviert werden muß. Variable schaffen also eine Adresse im Speicher, in der ein Wert für den späteren Aufruf gespeichert werden kann. Diese Variablen müssen vor einer folgenden Verarbeitung einen Wert zugewiesen erhalten, sonst ist dieser Wert zufällig und bei jedem Programmablauf verschieden.

Nach diesen Datendeklarationen werden die als Prozedur oder Funktion bezeichneten Unterprogramme vereinbart, die eine modulare Programmstruktur wesentlich fördern.
Die Prozedur (vgl. 3.1) ist in der Struktur einem Programm ähnlich. Der nach dem reservierten Wortsymbol PROCEDURE stehende Prozedur-Bezeichner steht für einen Block von Anweisungen, der von jeder beliebigen Stelle im Anweisungsteil aufgerufen und abgearbeitet wird. Erfolgt dieser Aufruf aus einer Prozedur, muß die aufgerufene Prozedur vor der aufrufenden angeordnet sein. Zum Informationsaustausch erhält der Prozedurkopf eine Parameterliste mit Formalparametern, denen beim Aufruf über die Aktualparameter Werte des gleichen Datentyps übergeben werden, Bild 4.31.

Im Gegensatz zur Prozedur liefern Funktionen (vgl. 4.6) stets Ergebnisse, die in Ausdrücken verwendet werden. Das Ergebnis der Funktion wird dadurch bestimmt, daß mindestens eine der Anweisungen im Funktionsblock eine Zuweisung an den Funktionsbezeichner vornimmt. Wichtiges Bindeglied zwischen Aufruf und der Zuweisung im Funktionsblock ist der in allen Fällen gleiche und nach dem reservierten Wortsymbol FUNCTION genannte Funktionsbezeichner. Ein Funktionsaufruf ist stets Bestandteil eines Ausdrucks, dessen Wert einer Variablen zugewiesen wird, Bild 4.31.
Im Block der Unterprogramme Prozedur und Funktion können wiederum Prozeduren und/oder Funktionen vereinbart werden (vgl. A1: Programm-Beispiele, Lösungsvorschlag zur Übung 4.5)

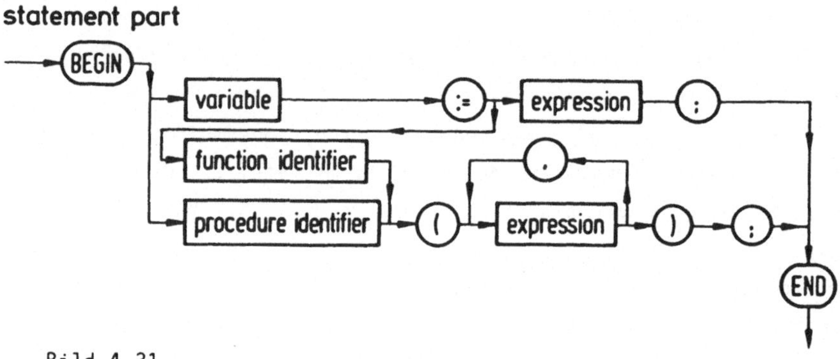

Bild 4.31

Der Vorteil eines Computers wird erst richtig nutzbar, wenn wir beim Programmablauf abhängig von den ermittelten Werten verzweigen oder bestimmte Programmteile mehrfach durchlaufen lassen können. Die als Entscheidungs- und Wiederholungsanweisungen bezeichneten Steuerkonstrukte der Pascal-Programmierung werden im folgenden Kapitel behandelt. Gleichzeitig erfahren Sie ein Vorgehen bei der Programmentwicklung und eine Möglichkeit, wie Sie Ihre Problemstellungen vor dem Umsetzen in die Elemente der Programmiersprache grafisch in Form von computergerechten Programmablaufplänen strukturieren. Diese Programmablaufpläne haben als wesentliches Merkmal, daß sie im Editor oder in einem anderen Textverarbeitungssystem ohne Schwierigkeit hinsichtlich einer Aufteilung unmittelbar entwickelt werden können.

5 Strukturierte Anweisungen

5.1 Die Entwicklung von Programmen

Grundsätzlich stellt das Programmieren eine dem ingenieurmäßigen Konstruieren verwandte Tätigkeit dar. Ausgehend von einem Problem (einer Aufgabenstellung) werden in Anlehnung an ein allgemeingültiges methodisches Vorgehen /3,21/ folgende Arbeitsschritte durchlaufen:

- Definieren des Problems;
- Analysieren des Problems;
- Entwerfen der Programmstruktur;
- Umsetzen in die Programmiersprache (Codieren);
- Testen des Programms.

Wirth /23/ betont sogar, daß "das Hauptanliegen eines Programmierkurses die Konzeption von Algorithmen sein soll und nicht das Exerzieren mit allen möglichen Satzkonstruktionen einer bestimmten Programmiersprache." Obwohl jedes Sachgebiet ein gewisses Grundlagenwissen voraussetzt, sollten Sie beim weiteren Arbeiten mit diesem Buch auf diese Aussage besonders achten.

5.1.1 Definieren des Problems

Grundvoraussetzung einer methodischen Arbeitsweise ist, daß die zu lösende Problemstellung (eine Aufgabe) eindeutig definiert ist. Mit diesem Klären und Präzisieren der Aufgabenstellung beschreibt der Programmentwickler die Anforderungen wie Ein- und Ausgabedaten, Leistungsanforderungen, Kostengrenzen, Wartungsbedingungen. Aus diesem Arbeitsschritt resultiert eine meist formlose Zusammenstellung von Anforderungen. Dies sind alle Punkte, die mit dem gewählten Problem unmittelbar zusammenhängen. Um dies zu verdeutlichen, bearbeiten wir im folgenden Kapitel die Problemstellung:

Umfang und Fläche eines Kreises bei veränderlichem Radius (vom Benutzer des Programms einzugeben) berechnen, Rechenwerte ausgeben und den Kreis auf dem Grafik-Bildschirm (Grafmode) abbilden.

Im Zusammenhang mit dem Klären der Aufgabenstellung muß sich der Programmentwickler ebenfalls Gedanken über das Programmlayout machen. Darunter soll neben der grafischen und strukturierten Anordnung des Quellprogrammtextes auch dessen ausführliche Kommentierung verstanden werden. Solche Kommentartexte werden durch (* ... *) oder ä ... ü eingeschlossen. Der Wert einer ausführlichen Dokumentation wird meist erst erkannt, wenn der Programmentwickler oder auch der Benutzer nach längerer Pause das entwickelte Programm modifizieren möchte. Obwohl die Kommentare auf allen Stufen der Programmentwicklung entstehen, sollte in Anlehnung an /14/ als Anleitung folgende Merkmalsliste hilfreich sein:

Merkmal	Beispiel
Programmkopf	Name des Programms, Datum, Verfasser, Version, benötigte Hardware- und Software-Unterstützung
Programm-Bibliothek	Bibliotheks-, Standardroutinen, Daten, Tabellen, Vorschriften
Deklaration	Typvereinbarungen, Zuordnung von konstanten und variablen Daten
Unterprogramme	Einzelne Unterprogramme mit abgrenzbarer Funktionalität, Berechnungsformeln mit Quellennachweis, Informationsaustauch, Parameter, lokale konstante und variable Daten
Verzweigungstabellen	Interne und externe Verbindungen zu den Eingängen schon vorhandener (Unter-)Programme
Hauptprogramm	Initialisierung des Programms, Verknüpfungen von Unterprogrammaufrufen (Prozedur oder Funktion) mit ausführlichem Kommentar und Querverweisen, Menüsteuerung

Tabelle 5.1

5.1.2 Analysieren des Problems

Das nun folgende Analysieren des Problems bildet eine wichtige Vorstufe für den Programmentwurf. Wesentliches Merkmal ist, daß das relativ komplexe Problem (Gesamtfunktion) in überschaubare Teilprobleme (Teilfunktionen) zerlegt wird, Bild 5.1. Derartige funktionale Einheiten werden programmtechnisch durch Moduln (Strukturblöcke) realisiert, die ein abgrenzbares und in sich geschlossenes Teilproblem (Teilaufgabe) erledigen.

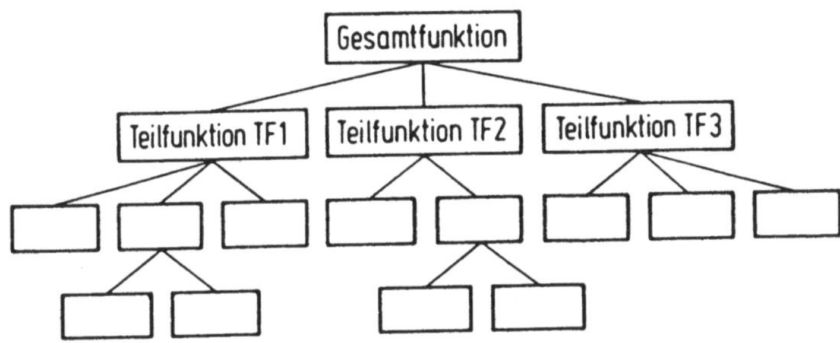

Bild 5.1

In dieser Baumstruktur wird beispielsweise die Gesamtfunktion GF in die Teilfunktionen TF1 bis TF3 unterteilt, die wiederum in (Unter-)Teilfunktionen gegliedert werden. Jedes Rechteck steht stellvertretend für programmtechnisch realisierbare Moduln (Strukturblöcke), die durch die Verknüpfung der Datenflüsse die baumartige Struktur bilden. Die Größe der Moduln richtet sich danach, daß bereits vorhandene Moduln (Programm-Bausteine) genutzt oder die erkannten Teilfunktionen unmittelbar in die Sprach- und Strukturelemente der Programmiersprache umgesetzt werden können.

Kriterien der Modularisierung /13,28/ in eine Blockstruktur sind:

- Die Moduln lassen sich weitestgehend unabhängig voneinander entwickeln und testen. Sie sollten in anderen unterschiedlichen Lösungen gleichermaßen verwendbar sein, wobei der Informationsaustausch über Parameter (vgl. 3.3) geschieht.
- Die Moduln sind nicht nur in sich verständlich, sondern auch als gesamtes Programmsystem, das einfach strukturiert sein soll und in dem die Zahl der Verbindungen zwischen den Moduln sehr gering ist.

- Die Moduln sind je nach Entwurfsentscheidung in den entwickelten Programmen einzusetzen und entsprechend änderungsfreundlich aufgebaut.

Werden diese Überlegungen auf das Beispiel übertragen, dann sind zur Gesamtfunktion "Umfang und Fläche eines beliebigen Kreises berechnen und auf dem Grafik-Bildschirm abbilden" folgende Teilfunktionen abzuleiten, die in weitere Teilfunktionen unterteilt werden:

---

o Eingeben
  - Eingabe nach Titelinformation anfordern;
  - Eingabe kontrollieren und zum Berechnungsgang freigeben;

o Berechnen
  - Umfang und Fläche berechnen;
  - Werte für grafische Darstellung des Kreises berechnen;

o Ausgeben
  - Rechenwerte formatiert im Textmode ausgeben;
  - Kreis auf dem Grafik-Bildschirm (Grafmode) abbilden;

o Wiederholen
  - Eingabevorgang wiederholen bis Abbruchbedingung erfüllt.

Tabelle 5.2

Die aus der Problemstellung abgeleiteten Teilfunktionen sind vor dem Umsetzen in die Programmiersprache in Moduln (Strukturblöcke) zu entwickeln, die sprachunabhängig mit Hilfe von Strukturelementen (vgl. 5.2) Lösungen für die zu erfüllenden Teilfunktionen zeigen.

5.1.3 Entwerfen der Programmstruktur

Bis auf die Schnittstellenspezifikation und die Funktionsbenennung bleibt uns vorläufig unbekannt, wie die Moduln (Strukturblöcke) dieser Aufgabenstellung intern arbeiten.
In einem ersten Schritt ist ein Operationsmodul, d.h. ein Algorithmus abzuleiten, der aus Eingangsdaten durch mathematische und/ oder logische

Operationen Ausgangsdaten erzeugt. Neben diesem Operationsmodul sind nach /21/ noch Kommunikations- und Organisationsmoduln zu erstellen. Bei dem Kommunikationsmodul handelt es sich um einen Algorithmus, der interne Daten dem Benutzer zur Verfügung stellt oder der Benutzerdaten für die interne Verarbeitung aufbereitet. Mit dem Organisationsmodul wird ein Algorithmus bezeichnet, der Datenmodule aus einer Datenbasis (interne oder externe Speicher) holt und/oder wieder dort ablegt. Beim Zusammenarbeiten dieser Moduln ist auch auf das Laufzeitverhalten zu achten, da schnelle Berechnungsalgorithmen auch im Zusammenhang mit dem Datenaustausch zwischen Computer und externen Datenspeichern zu sehen sind.

Bezogen auf das Beispiel (vgl. Tabelle 5.2) ist für den Operationsmodul ein Formelplan abzuleiten /9, 10, 17, 23, 31/, der die Formeln zur Berechnung von Umfang und Fläche eines Kreises enthält:

- Umfang := 2 * Radius * PI;
- Flaeche := Radius * Radius * PI;

Um den Kreis als Graph abbilden zu können, benötigen wir folgende Beziehungen für

- die Koordinaten: x := r * cos t;
  y := r * sin t;
- und den Winkel: t := 2 * PI * (n/2 * r);

veränderlich zwischen 0 und 2 * PI.

Um einen eindeutigen Aufbau der Moduln hinsichtlich des Kontroll- und/oder Datenflusses innerhalb von Programmen zu erzwingen und das Testen von Programmen zu unterstützen, verwenden wir nun die Hilfsmittel der strukturierten Programmierung. Sie wurden zuerst von Nassi/Shneiderman /19/ zur Diskussion gestellt. Zusätzlich zur Durchführung der schrittweisen Verfeinerung (top-down-design /13, 22/) und zum Aufbau der Baumstruktur werden bei der strukturierten Programmierung drei Strukturelemente (Strukturblöcke) verwendet, dies sind die Folge (vgl. 5.3), die Verzweigung (vgl. 5.4) und die Schleife (vgl. 5.5).

Bild 5.2 zeigt beispielsweise den Modul (vollständigen Pascal-Programmtext) für die Teilfunktion "Kreis auf dem Grafikbildschirm abbilden" (vgl. Tabelle 5.2). Als Sprachelemente, die den Kontrollfluß bestimmen, identifizieren wir die Wortgruppen IF ... THEN und FOR ... TO ... DO. Das sind typische Elemente (Steuerkonstrukte) der strukturierten Programmierung, deren verschiedene grafische Darstellungsmittel in Kapitel 5.2 beschrieben werden, in dem Sie weitere Hinweise zum Entwerfen der Programmstruktur erhalten.

```
ä---------------------------------------------------------------ü
PROGRAM Grafkreis; USES TURTLEGRAPHICS, TRANSCEND;
ä---------------------------------------------------------------ü
PROCEDURE Kreis( x, y, Radius : INTEGER);
(* Kreis um die x-, y-Koordinaten zeichnen *)
CONST PI     = 3.14159265;
VAR   n      : INTEGER;
      Winkel : REAL;
BEGIN
  Durchmesser := 2 * Radius;
  IF (x + Radius) < 279
  THEN IF y < 191 THEN BEGIN
                        x := 279 - Radius;
                        y := 191 - Radius;
                      END;
  MOVETO( x + Radius, y ); PENCOLOR( WHITE );
  FOR n := 1 TO Durchmesser
  DO BEGIN
       Winkel := 2 * PI * ( n / Durchmesser );
       MOVETO( TRUNC( Radius * COS( Winkel ) + x),
               TRUNC( Radius * SIN( Winkel ) + y ));
     END;
  PENCOLOR( NONE );
END;   (* Kreis *)
ä---------------------------------------------------------------ü
BEGIN
  INITTURTLE;              (* Grafik initialisieren                *)
  Kreis( 150,100,40 );     (* x-/y-Koordinaten, Radius; Parameter  *)
  READLN;                  (* Programm-Stop durch (RETURN) beenden *)
END.  (* Grafkreis *)
ä---------------------------------------------------------------ü
```

Bild 5.2

Geben Sie dieses Programm über den Editor ein. Testen Sie die Wirkung der einzelnen Strukturblöcke (vgl. 5.2.2).

5.1.4 Umsetzen in die Programmiersprache (Codieren)

Das Umsetzen in die Programmiersprache, die der Computer verstehen kann, ist nach Wirth /28/ eine zwar komplizierte, jedoch weitgehend mechanische und mechanisierbare Arbeit. Ohne 'Wenn und Aber' geht der Programmentwickler nach den strengen Regeln der Syntaxdiagramme vor und setzt die Programmablaufpläne (Strukturelemente, vgl. 5.2) und die Modulbeschreibungen in die Programmiersprache um. Danach sind die Programm-Moduln zu übersetzen (compilieren) und zu testen, um anschließend die einzeln getesteten Moduln zu einem lauffähigen Programm zusammenzufassen und endgültig zu testen. In beiden Schritten werden vom Compiler alle Verstöße gegen die Regeln der Syntax erkannt und mitgeteilt. Aber selbst beim Programmlauf erhalten Sie Fehlermeldungen, die RUN-TIME-ERROR (vgl. 6.1 und /33..36/). Diese Fehler und Schwachstellen sind zu beseitigen, und alle Unterlagen sind zu aktualisieren.

5.1.5 Testen von Programmen

Der Ablauf oder Vorgang des Testens geschieht in umgekehrter Folge zu dem des Entwurfs. Hierbei wird von den Untermoduln über die Moduln zum Gesamtprogramm hin überprüft. Eine Frageliste sei hierbei hilfreich, Tabelle 5.3.

Frageliste zum Testen von Programmen (beispielhaft)

- Sind alle Variablen richtig initialisiert ?
- Funktionieren alle Schleifen korrekt ?
- Brechen die Schleifen in den geforderten Fällen ab ?
- Werden alle Parameter auf korrekte Art und mit den richtigen Werten zwischen den Moduln ausgetauscht ?
- Entsprechen die Datentypen den zugeordneten Anweisungen ?
- Sind alle beim Programmentwurf definierten Strukturblöcke eingebracht ?

Tabelle 5.3

In der Praxis dürfte es selten sein, daß ein Programm gleich beim ersten Versuch fehlerfrei läuft. Deshalb sollten Sie sich auch mit den Fehlermeldungen und den Techniken beschäftigen, über die Sie Fehler vermeiden und beseitigen können. Treten Fehler auf, sind es:

- Syntaxfehler, die dadurch entstehen, daß Sie gegen die formalen Regeln der Pascal-Programmiersprache verstoßen. Solche Fehler stellt der Compiler fest und meldet dem Benutzer diese Fehler, indem er einen Fehlertext oder eine Fehlernummer ausgibt und die Stelle, an der ein Fehler vermutlich entstanden ist, markiert /1, 34, 35/.
- Ablauffehler oder logische Fehler, die nach dem Beseitigen der Syntaxfehler beim Programmablauf auftreten können. Ein Ablauffehler wäre z.B. die nicht erlaubte Division durch Null. Logische Fehler sind oft Eingabe- oder Datenfehler, wie z.B. Typvereinbarung und eingegebener Wert stimmen nicht überein.

5.2 Strukturelemente

5.2.1 Grafische Darstellungsmittel

Die verschiedenen grafischen Darstellungsmittel

- der Programmablaufplan nach DIN 66001 /7/ (auch Flußdiagramm),
- die Struktogramme nach Nassi/ Shneiderman /19/ und
- die computergerechten Programmablaufpläne nach Althöfer /2/

sind für die Strukturelemente der strukturierten Programmierung zusammengestellt:

- Folge

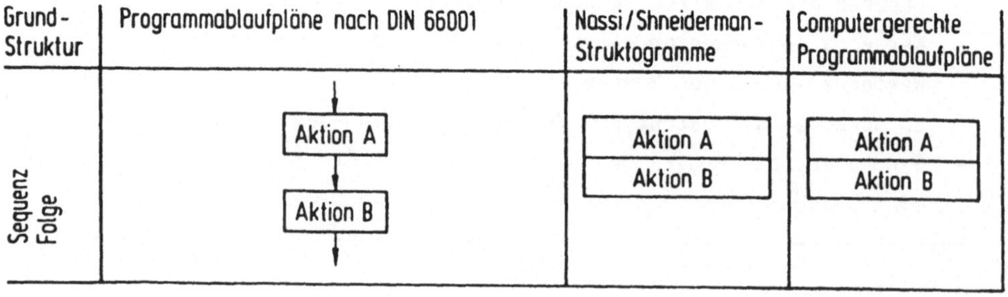

Grund-Struktur	Programmablaufpläne nach DIN 66001	Nassi/Shneiderman-Struktogramme	Computergerechte Programmablaufpläne
Sequenz Folge	Aktion A Aktion B	Aktion A Aktion B	Aktion A Aktion B

Bild 5.3

- Verzweigung, Auswahl

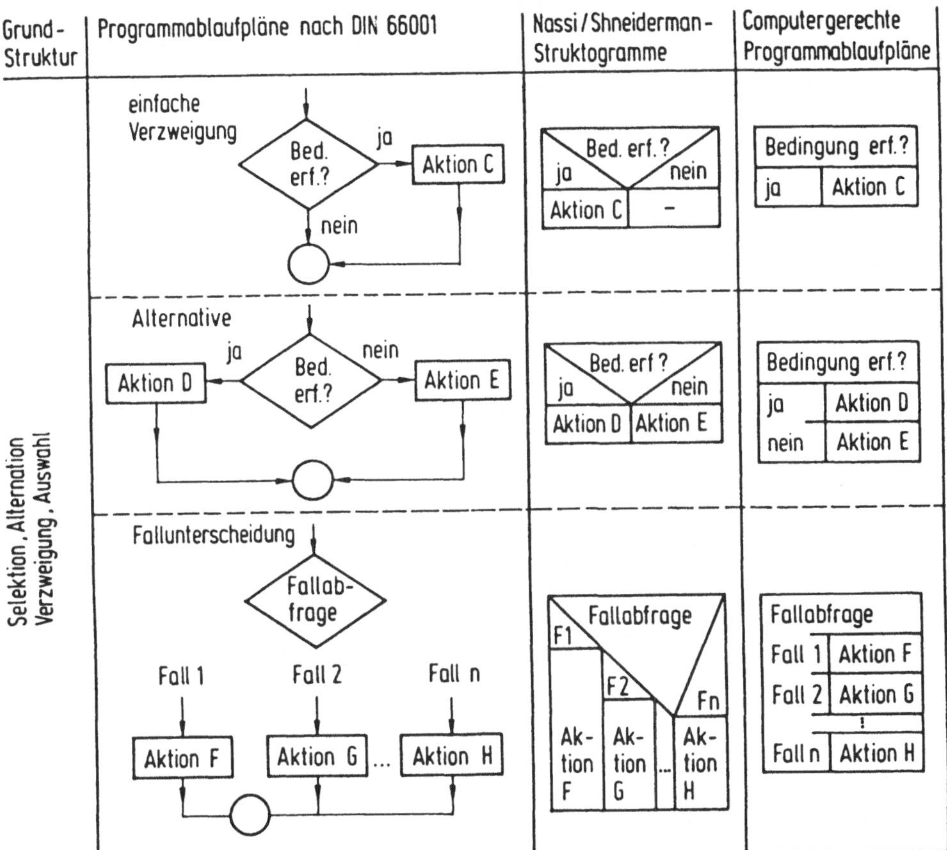

Bild 5.4

Das geläufige Verfahren, ein Programm in seinem groben Ablauf darzustellen, ist der Programmablaufplan mit den Symbolen nach DIN 66001. Die Reihenfolge der einzelnen Elemente im Programmablaufplan wird durch die Richtung der Pfeile festgelegt.

Die Symbolik der Struktogramme und der computergerechten Programmablaufpläne unterstützt eine strukturierte Programmierung. Beide Darstellungsarten werden immer von oben nach unten durchlaufen. Jeder zu einem Strukturblock gehörende Ablaufplan ist durch ein Rechteck eingerahmt. Die in den Strukturblöcken mit dem Begriff Aktion und einem Großbuchstaben gekennzeichneten Rechtecke stehen für einen weiteren Strukturblock. Dadurch entsteht eine Schachtelung von Strukturblöcken.

- Wiederholung

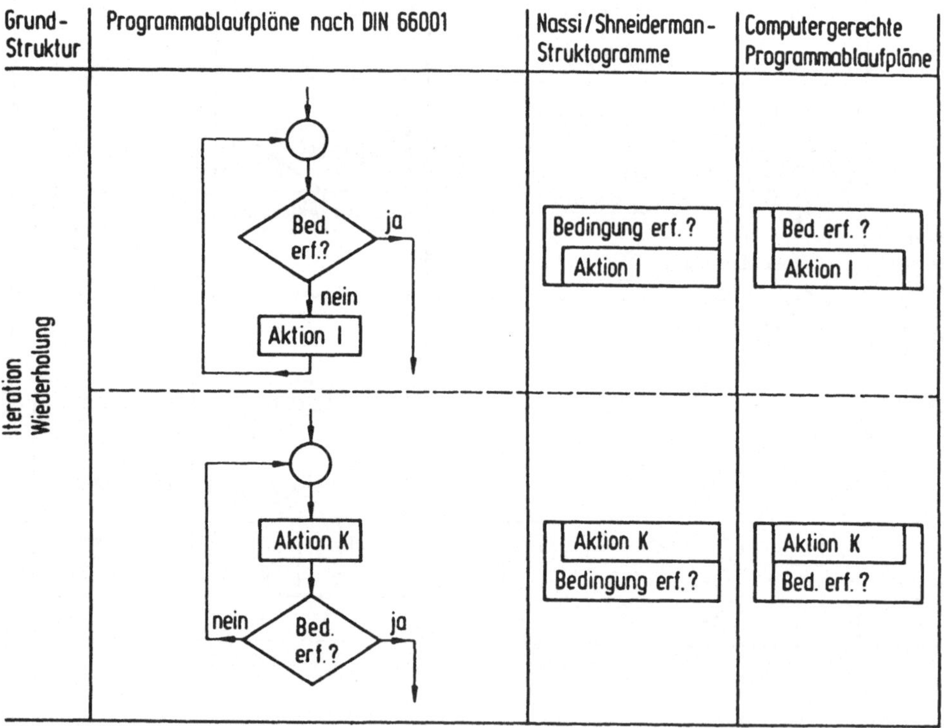

Bild 5.5

Der Programmablaufplan nach DIN 66001 führt dazu, am Anfang oft zu sehr in die Details zu gehen. Dies wirkt sich besonders bei relativ umfangreichen Programmen dahingehend aus, daß diese Ablaufpläne unübersichtlich werden. Bei der weiteren Ausarbeitung wird man gezwungen, im Programm oft umherzuspringen und unüberschaubare Programme zu entwickeln, d.h. der Gefahr der 'Spaghetti-Programmierung' wird kein Einhalt geboten.

Die Nassi/Shneiderman-Struktogramme unterstützen bedingt durch ihren Aufbau das modulare und strukturierte Programmieren. Die Strukturblöcke sind durch folgende Eigenschaften gekennzeichnet:

- Sie besitzen einen Ein- und einen Ausgang.
- Sie erhalten ihre Kontrolle vom Vorläufer und geben sie an den Nachläufer weiter.
- Sie sind vollständig in einem anderen Strukturblock enthalten oder enthalten andere Strukturblöcke vollständig. Eine Überlappung ist nicht erlaubt.

Manche Algorithmen sind mit Nassi/Shneiderman-Struktogrammen nur umständlich darzustellen. Die von /2/ vorgeschlagene veränderte Anordnung in den computergerechten Programmablaufplänen erleichtert die Entwicklung einer Programmstruktur unmittelbar mit dem Computer.

5.2.2 Die Bedeutung der Strukturelemente

Die grundlegende Idee des strukturierten Programmierens ist, nur eine beschränkte Menge von Strukturelementen (Strukturblöcken, Kontrollfluß-Konstrukten) zu verwenden. Der Computer kann entscheiden, welcher Programmteil (Strukturblock) abgearbeitet werden soll. Dazu benötigt er Steuerbefehle, über die er den Programmstand untersucht und je nach Ergebnis dieser Untersuchung den weiteren Weg durch das Programm steuert. Der Programmierer führt also Anweisungen ein, die die Reihenfolge festlegen, in der andere Anweisungen zur Ausführung kommen. Es sind dies

- die Folge (Sequenz) von Anweisungen (Anweisungsfolge, vgl. Bild 5.3). Ein Strukturblock dient zur Beschreibung einer Aktion. Mehrere Strukturblöcke können zu einer Folge aneinandergesetzt werden. Die einzelnen Aktionen (Strukturblöcke) werden nacheinander in der Verknüpfungs-Reihenfolge ausgeführt. Die Folge ist selbst wieder ein Strukturblock.

- die Verzweigung oder Auswahl (Alternation, Selektion), vgl. Bild 5.4. Ist die angegebene Bedingung erfüllt, so wird die zutreffende Aktion (oder der Strukturblock) ausgeführt. Neben der einfachen Verzweigung können die Aktionen alternativ oder in einer Fallunterscheidung (Mehrfach-Auswahl, Selektion) ausgewählt werden (Entscheidungsanweisungen, vgl. 5.4.).

- die bedingte Schleife oder Wiederholung (Iteration), vgl. Bild 5.5.

Von einer nichtabweisenden Schleife wird gesprochen, wenn nach einer Aktion solange wiederholt wird, bis nach der Ausführung eine (Austritts-)Bedingung erfüllt ist. Bei der abweisenden Schleife wird vor Eintritt in die Aktion die Erfüllung der Bedingung überprüft. Ist sie erfüllt, wird die Anweisung solange wiederholt bis die Eintrittsbedingung nicht mehr gegeben ist. Ist die Anzahl der Wiederholungen bekannt, sollte eine Zählschleife als Sonderform des Schleifen-Konstrukts verwendet werden. Mehr zu Wiederholungsanweisungen vgl. 5.5.

Diese drei Konstrukte sind völlig ausreichend. Die ebenso übliche Sprunganweisung (GOTO-Anweisung) ist bewußt herausgelassen, da sie die Übersichtlichkeit und Testbarkeit von Programmen mehr hindert als fördert. Insbesondere sind die unterschiedlichen Funktionen der Verzweigung (vgl. 5.4) aus der GOTO-Anweisung im Programmtext und aus dem Programmablaufplan nicht zu ersehen.

5.3 Anweisungsfolge

Bisher lernten Sie Regeln kennen, die Sie zum Schreiben einfacher Pascal-Programme verwenden konnten. Die damit entwickelten Programm-Beispiele umfassten eine Folge von Anweisungen (Aktionen A und B, vgl. Bild 5.3) die beim Programmlauf sequentiell abgearbeitet werden und so zu einem bestimmten Ergebnis führen. Hierbei handelt es sich um Anweisungen, die mit der eigentlichen Programmausführung zu tun haben.
Diese Blockdarstellung hat den Vorteil, daß jede durch die reservierten Worte BEGIN und END geklammerte Anweisungsfolge (Verbundanweisung, 'compound statement', Bild 5.6) eindeutig hervorgehoben wird.

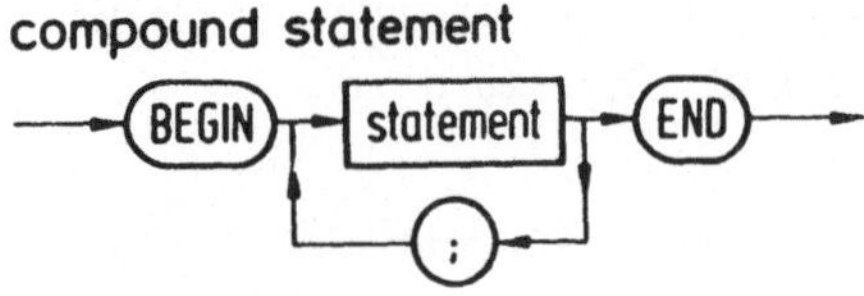

Bild 5.6

Eine übersichtliche Darstellung erreichten Sie in den Programmbeispielen dadurch, daß das zusammengehörende BEGIN-END-Paar in derselben Spalte anfängt, während die geklammerte Folge von Anweisungen selbst etwas eingerückt wird. Bezogen auf die Prozedur im Programmbeispiel, Bild 5.2, besagt dies: Die Teilfunktion 'Kreis auf dem Grafik-Bildschirm abbilden' (vgl. Tabelle 5.2) erfüllen Sie durch die mit dem Kommentar im Programmablaufplan, Bild 5.7, unterteilten Strukturblöcke. Das Quellprogramm entsteht durch Übersetzen der Teilaufgaben mit Hilfe der Syntaxdiagramme in die Elemente der Programmiersprache.

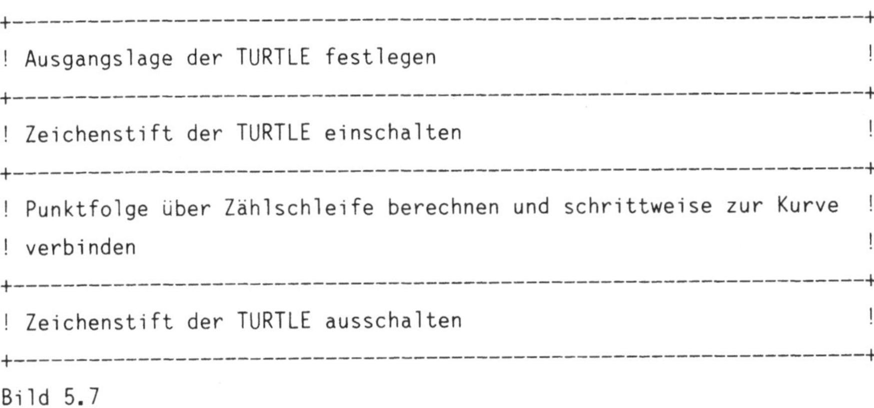
```
+------------------------------------------------------------------+
! Ausgangslage der TURTLE festlegen                                !
+------------------------------------------------------------------+
! Zeichenstift der TURTLE einschalten                              !
+------------------------------------------------------------------+
! Punktfolge über Zählschleife berechnen und schrittweise zur Kurve !
! verbinden                                                        !
+------------------------------------------------------------------+
! Zeichenstift der TURTLE ausschalten                              !
+------------------------------------------------------------------+
```
Bild 5.7

Im Programmbeispiel, Bild 5.2, wurde das Unterprogramm als eigenständiger Modul entwickelt und eingebunden in das vorläufige Hauptprogramm getestet. Das Hauptprogramm benötigt die Strukturblöcke: Grafik initialisieren, Prozedur aufrufen, d.h. x-/y-Koordinaten und Radius als Aktualparameter an die Formalparameter übergeben und eine READLN-Anweisung vorsehen, damit die Grafik betrachtet werden kann.

5.4 Entscheidungsanweisungen

Zu diesen Strukturblöcken gehören die bedingte Verzweigung, die alternative Auswahl und die Fallunterscheidung (eine Auswahl zwischen mehreren Möglichkeiten (vgl. Bild 5.3).

5.4.1 IF-Anweisung

Sprungbefehle verzweigen den Programmablauf abhängig von der Bedingung, die aus Vergleichsausdrücken oder logischen Ausdrücken (vgl. 4.7.2) gebildet werden. Das Syntaxdiagramm der IF-Anweisung ist im Bild 5.8 dargestellt.

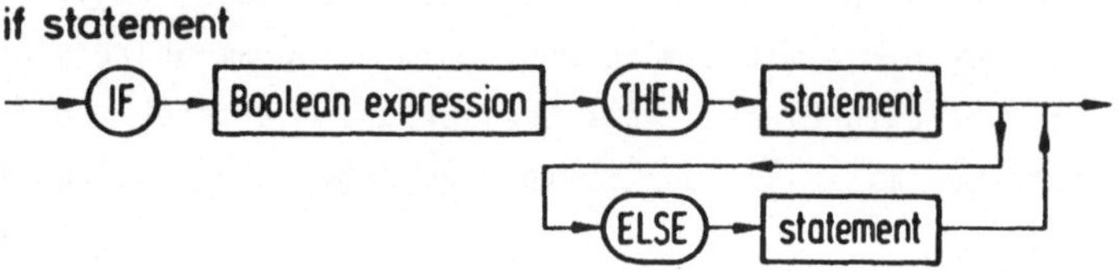

if statement

Bild 5.8

Wenn der Boolesche Ausdruck ('Boolean expression') den Wahrheitswert TRUE ergibt, wird die Anweisung Aktion D ('statement') ausgeführt, ansonsten die Anweisung Aktion E. Anstelle der einzelnen Anweisungen ist eine Verbundanweisung ('compound statement', vgl. Bild 5.6), möglich. Vor dem ELSE darf kein Semikolon stehen.

Bei der einfachen Verzweigung ist der ELSE-Teil der IF-Anweisung leer (vgl. Bilder 5.2 und 5.4). Dieses Konstrukt wird benutzt, um Unterprogramme oder sogar das Programm abhängig von der verwendeten Bedingung zu verlassen (z.B. IF x < 50 THEN EXIT('identifier');). An die Stelle des Bezeichners ('identifier') gehört der Name der Prozedur oder das Wortsymbol PROGRAM.

▷ Übung 5.1

Aufgabe:

Ergänzen Sie im PROGRAM L4_Kreis1; (vgl. Übung 4.5) die Teilfunktion Eingeben (vgl. Tabelle 5.2) durch die Abbruchbedingung:

```
IF Radius = 0 THEN EXIT( PROGRAM );
```

Lösungsvorschlag: A1: Programm-Beispiele.

5.4.2 GOTO-Anweisung

Im Vereinbarungsteil müssen alle Marken ('label') aufgeführt werden, die im Anweisungsteil zur Markierung von Anweisungen verwendet werden, um sie als Sprungziele für GOTO-Anweisungen nutzen zu können. Marken sind vorzeichenlose ganze Zahlen ('unsigned integer', vgl. Bild 4.12). Die durch die GOTO-Anweisung realisierte bedingte Verzweigung widerspricht dem Pascal-Konzept, das ein strukturiertes Programmieren bevorzugt. Im Trainingsbuch wird sie aufgrund leistungsfähigerer Strukturierungskonstrukte nicht benutzt.

5.4.3 CASE-Anweisung

Zur Auswahl aus einer Liste von Alternativen (Fällen) ist die CASE-Anweisung zu benutzen. Je nach dem Ergebnis der Fallabfrage wird eine der Aktionen F, G oder H (vgl. Bild 5.3) ausgeführt. Als Syntaxdiagramm hat die Case-Anweisung folgende Struktur, Bild 5.9:

case statement

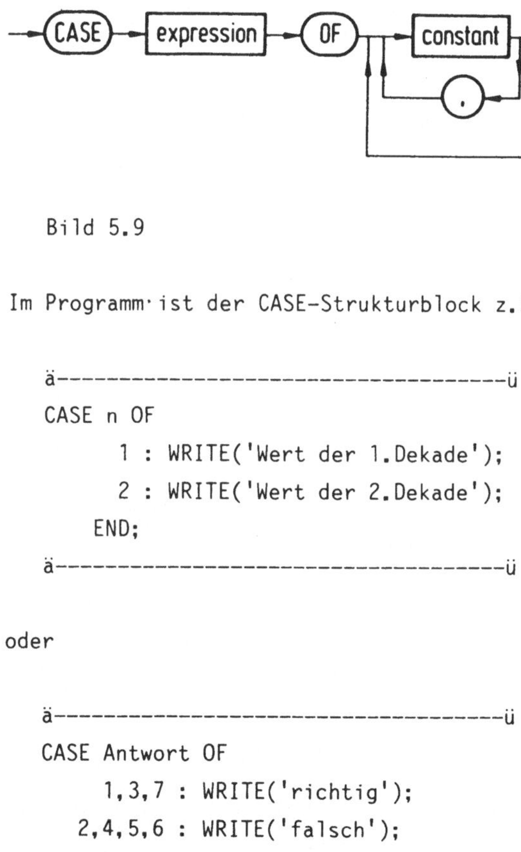

Bild 5.9

Im Programm ist der CASE-Strukturblock z.B. wie folgt zu verwirklichen:

```
ä-----------------------------------ü
CASE n OF
      1 : WRITE('Wert der 1.Dekade');
      2 : WRITE('Wert der 2.Dekade');
    END;
ä-----------------------------------ü
```

oder

```
ä-----------------------------------ü
CASE Antwort OF
     1,3,7 : WRITE('richtig');
   2,4,5,6 : WRITE('falsch');
   END;
ä-----------------------------------ü
```

Wenn der Ausdruck ('expression', vgl.4.7.1) einen Wert aus der entsprechenden Konstantenliste ergibt, wird die nachfolgende Anweisung ausgeführt.

Dies setzt voraus:
- Die Konstante bzw. die durch Komma getrennten Konstanten müssen vom Datentyp wie der Wert des Ausdrucks sein. Sie können vom Standard-Datentyp INTEGER, CHAR oder BOOLEAN sein.
- In der durch Komma getrennten Konstantenliste dürfen keine identischen Konstanten einer anderen Liste enthalten sein.

Übung 5.2

Aufgabe:

Entwickeln Sie einen CASE-Strukturblock als Prozedur, die abhängig von der Eingabe der Monatszahl die Jahreszeit auf dem Bildschirm ausgibt.

Hinweise:
- Der Prozedurbezeichner ist Jahreszeit.
- Die Parameterliste enthält die Variable Monat vom Datentyp INTEGER.
- Der Ausdruck in der CASE-Anweisung ist über MOD und DIV zu bestimmen.
- Lösungsvorschlag: A1: Programm-Beispiele.

5.5 Wiederholungsanweisungen

Es gibt generell zwei Arten von Schleifen (repetitive Wiederholungen):
- die datenabhängigen Schleifen (vgl. Bild 5.5), die sich hinsichtlich Eintrittsbedingung (WHILE-Anweisung) oder Austrittsbedingung (REPEAT-Anweisung) unterscheiden.
- die Zählschleife (FOR-Anweisung), bei der die Anzahl der Wiederholungen zu Beginn festliegt.

5.5.1 WHILE-Anweisung

Die WHILE-Anweisung hat das Syntaxdiagramm, Bild 5.10:

while statement

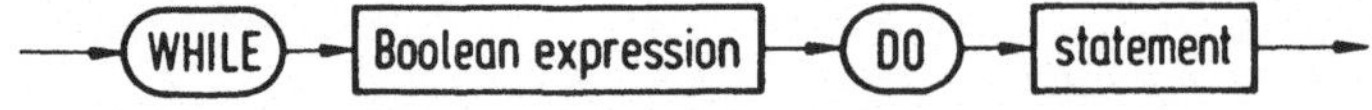

Bild 5.10

Der Boolesche Ausdruck ('Boolean expression', vgl.4.7.2) wird vor dem Abarbeiten der Anweisung (Aktion I, vgl. Bild 5.5) auf den Wert FALSE geprüft. Diese Anweisung oder Anweisungsfolge zwischen BEGIN und END wird

- nicht ausgeführt, wenn der Boolesche Ausdruck (die Eintrittsbedingung) bereits zu Beginn dieses WHILE-Strukturblocks den Wert FALSE ergibt oder
- solange wiederholt ausgeführt, bis der Boolesche Ausdruck den Wert FALSE erhält. Dieser Ausdruck wird immer vor der Ausführung der folgenden im Strukturblock enthaltenen Anweisungen überprüft.

Übung 5.3

Aufgabe:

Wiederholungsschleife (WHILE-Strukturblock) in den Anweisungsteil: PROGRAM L4_Kreis1; (vgl. Übung 4.5) einarbeiten.

Hinweis:

- Der WHILE-Strukturblock besteht programmtechnisch aus:

```
ä----------------------------ü
WHILE Radius <> 0
DO BEGIN
      :
      (* Anweisungsfolge *)
      :
   END;
ä----------------------------ü
```

- Beachten Sie, daß die Eingabe-Anweisung in diesem Programm mindestens zweimal vorkommen muß. Sie vermeiden dies, indem Sie den Eingabemodul durch einen eigenen Strukturblock (Prozedur) verwirklichen.

5.5.2 REPEAT-Anweisung

Das Syntaxdiagramm für die REPEAT-Anweisung ist in Bild 5.11 dargestellt.

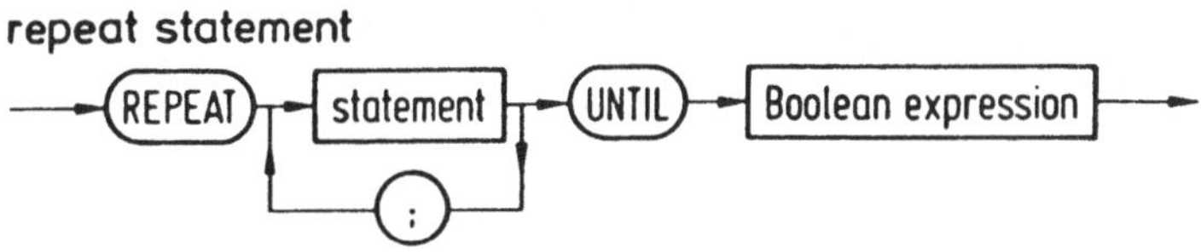

Bild 5.11

Die in REPEAT und UNTIL eingeschlossene Anweisung (Aktion K, vgl. Bild 5.5) oder Anweisungsfolge wird mindestens einmal ausgeführt, da der Boolesche Ausdruck ('Boolean expression', vgl.4.7.2) erst nach deren Abarbeitung überprüft wird. Andererseits wird solange wiederholt ausgeführt, bis der Boolesche Ausdruck den Wert TRUE erhält (Austrittsbedingung). Danach wird die Programm-Abarbeitung nach dem UNTIL fortgesetzt.
Bezogen auf die Übung 5.3 erhält die Schleife folgende Programmzeilen:

```
ä-----------------------ü
REPEAT
  :
  (* Anweisungsfolge *)
  :
UNTIL Radius = 0;
ä-----------------------ü
```

Sie erkennen hierbei: REPEAT und UNTIL ersetzen die Blockbegrenzer BEGIN und END.

5.5.3 FOR-Anweisung

Mit dem in Bild 5.12 wiedergegebenen Syntaxdiagramm wird die Struktur der FOR-Anweisung (Zählschleife) verdeutlicht.

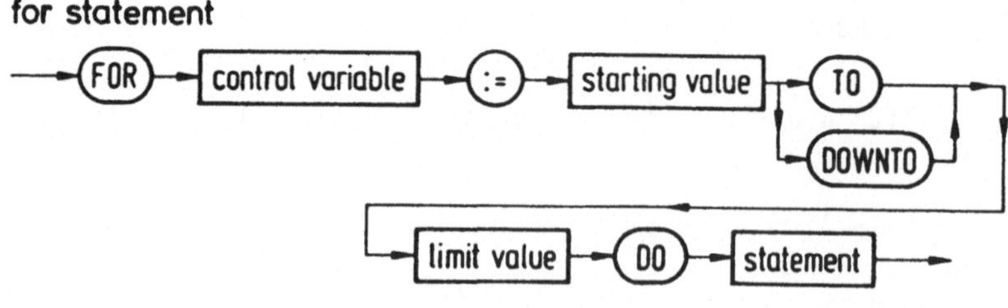

Bild 5.12

Die Variable wird zunächst mit dem Anfangswert ('starting value') vorbesetzt. Dann wird die Anweisung ('statement') oder eine Anweisungsfolge ('compound statement') ausgeführt und die Variable ('control variable') um

den Wert 1 erhöht. Diese Zählschleife ist beendet, sobald sie den Endwert ('limit value') erreicht hat. Je nach Wahl kann aufwärts (TO) oder abwärts (DOWNTO) gezählt werden. Die Variable kann von jedem Standard-Datentyp außer REAL sein. Ihr Wert darf durch die folgende Anweisung (Anweisungsfolge) nicht verändert werden. Anfangs- und Endwert können beliebige Ausdrücke oder Konstanten sein.
Der Programmablaufplan für den FOR-Strukturblock im Modul der Teilfunktion 'Kreis auf dem Grafik-Bildschirm abbilden' (vgl. Bild 5.7) hat die in Bild 5.13 wiedergegebene Form.

```
+-----------------------------------------------------------------+
! Punktfolge über Zählschleife berechnen und schrittweise zur Kurve !
! verbinden                                                         !
!      +------------------------------------------------------------+
!      ! Winkel := 2 * PI * (Laufvariable / Durchmesser); bestimmen !
!      +------------------------------------------------------------+
!      ! Wegstrecke für Zeichenstift:                               !
!      ! MOVETO (TRUNC( Radius * COS( Winkel ) + x ),               !
!      !         TRUNC( Radius * SIN( Winkel ) + y );               !
+------+------------------------------------------------------------+
```

Bild 5.13

<u>Übung 5.4</u>

<u>Aufgabe:</u>

Ausgehend vom PROGRAM L4_Kreis1; (vgl. Übung 4.5) ist eine Folge von 10 verschiedenen Kreisen hinsichtlich Umfang und Fläche zu berechnen, wobei der eingegebene erste Radiuswert um den Wert der Zählschleife vergrößert werden soll. Die formatierte Ausgabe von Radius, Umfang und Fläche erfolge tabellarisch.

- Was beachten Sie bei Schachtelung von Schleifen ?

Eine Schachtelung von Schleifen liegt vor, wenn eine Schleife so in eine andere eingefügt wird, daß jeder Laufschritt der äußeren Schleife ein vollständiges Durchlaufen der inneren Schleife bewirkt. Nach dem Beenden der inneren Schleife führt dies zur äußeren Schleife solange zurück, bis deren Endwert erreicht ist. Derartige Schleifen dürfen sich nicht überschneiden.

Dazu ein Programmbeispiel, Bild 5.14. Versuchen Sie es sogleich.

```
ä----------------------------------------------------------ü
PROGRAM Mein_Zeichenstift; USES TURTLEGRAPHICS, APPLESTUFF;
VAR x, y, i,
    Pause    : INTEGER;
BEGIN
  INITTURTLE;
  PENCOLOR( WHITE );
  FOR i := 1 TO n
  DO BEGIN
       x := PADDLE( 0 );
       FOR Pause := 1 TO 3 DO;
       y := PADDLE( 1 );
       MOVETO( x,y );
     END;
END.  (* Mein_Zeichenstift *)
ä----------------------------------------------------------ü
```

Bild 5.14

- Wie erreichen Sie einen von +1 oder -1 verschiedenen Zählwert ?

Um einen anderen Zählwert als +1 oder -1 verwenden zu können, muß auf die WHILE-Anweisung zurückgegriffen werden. Für diesen Fall erhält das Programm mit WHILE-Strukturblock folgende Form:

```
ä--------------------------------------------------------------------ü
:
BEGIN
  i := 1;                  (* Variable vom Datentyp INTEGER vorbelegen *)
  WHILE i < 11             (* FOR i := 1 TO 10 DO BEGIN ... END;        *)
  DO BEGIN
       :
       (* Anweisungsfolge *)
       i := i + x;          (* für x den gewünschten Zählwert  eingeben *)
       :
     END;
ä--------------------------------------------------------------------ü
```

5.6 Ein zusammenhängendes Beispiel

Übung 5.5

Aufgabe:

Fassen Sie alle bisher entwickelten Strukturblöcke oder Moduln zum Erfüllen der Gesamtfunktion 'Umfang und Fläche eines beliebigen Kreises berechnen, Rechenwerte formatiert ausgeben und den Kreis auf dem Grafik-Bildschirm abbilden' zu einem PROGRAM L5_Kreis; zusammen.

Lösungsvorschlag: A1: Programm-Beispiele.

5.7 Zusammenfassende Darstellung

5.7.1 Programmentwicklung

Ein Pascal-Programm erhält durch die Unterprogramme, Prozedur und Funktion, eine modulare Struktur und fördert dadurch die strukturierte Programmierung wesentlich. Der Programmierer entwickelt Moduln (Strukturblöcke), die völlig getrennt erstellt, übersetzt (compiliert) und getestet werden können. Solche Moduln sind die Prozeduren und Funktionen. Bereits die Units der Programm-Bibliothek (SYSTEM.LIBRARY) sind Software-Moduln, die als eigenständige Programmteile in unterschiedlichen Problemlösungen verwendet werden können.

Damit das Konzept der modularen und strukturierten Programmierung konsequent eingehalten wird, sollten Sie sich mit den Ausführungen der Abschnitte 5.1 und 5.2 beschäftigen.

5.7.2 Grafische Darstellungsmittel

Ein computergerechter Programmablaufplan/2/ oder ein Struktogramm sind ein auf Strukturblöcken basierendes Gestaltungskonzept. Die in /2/ gegenüber dem Nassi/Shneiderman-Struktogramm/19/ veränderte Anordnung in den Strukturblöcken fördert den computerunterstützten Programmentwurf erheblich. Diese Strukturblöcke werden durch Rechtecke beschrieben, die hinsichtlich ihrer Proportionen an individuelle Bedürfnisse angepaßt werden können.

Grundlage der Auflösung bei der strukturierten Programmierung sind die drei Grundstrukturen (Kontroll-, Steuerkonstrukte): die Folge, die Verzweigung und die Wiederholung.

Die Folge entsteht durch eine Reihung von Anweisungen (Strukturblöcken), die durch unmittelbares Aneinanderhängen der Rechtecke ohne Pfeil grafisch dargestellt werden, vgl. Bild 5.3.
Die Verzweigung führt den Programmfluß abhängig von einer Bedingung in den auszuführenden Strukturblock, vgl. Bild 5.4.
Die Wiederholung charakterisiert ein wiederholtes Ausführen von Strukturblöcken abhängig davon, ob eine Bedingung vor oder nach der Ausführung zutrifft, vgl. Bild 5.5.

5.7.3 Steuerkonstrukte der Programmiersprache Pascal

Pascal benutzt die in der strukturierten Programmierung üblichen Steuerkonstrukte (Kontrollstrukturen).

- Verzweigungen

Mit der IF-Anweisung wird aufgrund einer Bedingung (Vergleichsausdruck oder logischer Ausdruck, vgl. 4.7.2) in die auszuführende Anweisung oder Anweisungsfolge ('compound statement', vgl. 5.3) verzweigt (vgl. 5.4).
Bei der CASE-Anweisung wird durch den Wert eines Ausdrucks (vgl. 4.7.1) vom Standard-Datentyp INTEGER, CHAR oder BOOLEAN eine Alternative (Anweisung oder Anweisungsfolge) ausgewählt.

- Schleifen

Die WHILE-Anweisung prüft eine Bedingung (Vergleichsausdruck oder logischer Ausdruck) am Schleifenanfang und führt die Anweisung oder Anweisungsfolge ('compound statement') nur durch, wenn und solange diese Bedingung erfüllt ist.
Die REPEAT-Anweisung prüft eine Bedingung am Schleifenende und führt die Anweisung oder Anweisungsfolge solange durch bis diese Bedingung erfüllt ist. Die Blockbegrenzer BEGIN und END sind bei der Anweisungsfolge nicht erforderlich.
Die FOR-Anweisung führt die Anweisung oder die in das BEGIN-END-Paar eingeschlossene Anweisungsfolge als Zählschleife vom Anfangswert bis zum Endwert in +1 Schritten aufwärts (TO) oder in -1 Schritten abwärts (DOWNTO) durch. Für eine von 1 verschiedene Schrittweite ist die WHILE-Anweisung zu benutzen.

6 Zeichenketten, Stringverarbeitung

6.1 Der Datentyp STRING

Im Gegensatz zum Standard Pascal hat Apple Pascal einen weiteren Standard-Datentyp, den STRING, eine Zeichenkette. Prinzipiell ist dies ein PACKED ARRAY OF CHAR, eine Datenstruktur, die viele Elemente vom selben Datentyp bei variabler Länge enthalten kann /4, 12, 28, 36/. Dabei wird darunter ein Verbund verstanden, der den kleinstmöglichen Speicherplatz benötigt und genügend Bits für die Speicherung jedes Werts vom definierten Datentyp reserviert. Dies gilt nur prinzipiell, da keine Strings auf PACKED ARRAY OF CHAR zugewiesen werden dürfen oder umgekehrt.

In diesem Buch benutzten Sie den Datentyp STRING bereits als Stringkonstante (vgl. Bild 2.14) in der WRITE-Anweisung (vgl. 2.7, 3.4). Aber auch bei der impliziten Typendefinition (CONST) werden Zeichenketten wie z.B.

```
CONST strg = 'Dies ist eine Stringkonstante.';
```

einbezogen (vgl. 4.5.2 und Bild 4.15).

Unter 4.3.5 wird gesagt: Variable vom Datentyp STRING sind Zeichenketten (eine Folge darstellbarer Zeichen) mit der festgelegten (oder vorbelegten) Länge von 80 Zeichen wie z.B. VAR strg : STRING;

- Was müssen Sie beachten, wenn Sie die Länge der Zeichenkette variabel gestalten ?

Im VAR Block (vgl. 4.4) definieren Sie die Länge einer Variablen vom Datentyp STRING durch eine Zahl (1 bis 255 Zeichen möglich) in eckigen Klammern oder eingeschlossen zwischen Ä und Ü hinter dem Wortsymbol STRING.

```
VAR Name :  STRING[15];
```

besagt, die Zeichenkette ist 15 Zeichen lang.
Die maximal mögliche Stringlänge von 255 erklärt sich aus der Beschränkung des Längenbyte auf ein Byte, denn mehr ist durch ein Byte nicht darstellbar. Dieses Längenbyte wird bei dem wortorientierten Apple Pascal auf das 1.Byte im ersten Wort gesetzt.

Damit dieser Datentyp für die Programme zur Textverarbeitung besser genutzt werden kann, machen wir uns die Zusammenhänge durch die Antworten auf einige Fragen klar.

- Was geschieht, wenn Sie einer kürzer definierten Zeichenkette eine längere im Programm zuweisen ?

Geben Sie zum Überprüfen das Programm, Bild 6.1, ein:

```
ä---------------------------------------------------------------ü
PROGRAM String_Test1;
VAR Titel : STRING[15];          (* String mit 15 Zeichen Länge  *)
BEGIN
  Titel := 'Textverarbeitung';   (* Stringlänge 16 Zeichen *)
  WRITELN( 'Titel : ',Titel );
END.  (* String_Test1 *)
ä---------------------------------------------------------------ü
```

Bild 6.1

Nach dem Compilieren und Starten stellen sie fest:
Sie erhalten einwandfrei einen Codefile, aber nach dem Programmstart kommt eine Fehlermeldung:

```
String overflow
S# 1, P# 1, I# 23
Type (space) to continue
```

Sie schließen daraus:
Die Länge der zugewiesenen Zeichenkette darf die definierte Länge nicht überschreiten.

Aber zunächst wollen wir uns mit dieser Fehlermeldung näher beschäftigen. Bei dieser Art Fehlermeldung wird nach dem Drücken von (space) das System erneut initialisiert.

Zur weiteren Information sei mit Bild 6.2 gezeigt, was die Benennungen in dieser Fehlermeldung aussagen.

```
ä-----------------------------------------------------------------ü
  1  1    1:D     1 (*$L PRINTER:*)  (* erzeugt diesen Ausdruck *)
  2  1    1:D     1 PROGRAM String_Test1;
  3  1    1:D     3 VAR Titel : STRING[15];
  4  1    1:0     0 BEGIN
  5  1    1:1     0   Titel := 'Textverarbeitung';
  6  1    1:1    25   WRITELN( 'Titel : ',Titel );
  7  1    1:0    64 END.

                  ^ Nummer des Code-Byte (obige Fehlermeldung 23.Byte)

             ^ D  Zeile gehört zum Deklarationsteil
               0  Zahl gibt Schachtelungstiefe an, jedes BEGIN erhöht
                  um 1, jedes END vermindert sie um 1

            ^ Prozedurnummer

         ^ Segmentnummer, die bei Programmabbruch angegeben wird.

   ^ Zeilennummer
ä-----------------------------------------------------------------ü
```

Bild 6.2

Sie erhalten diesen Ausdruck, wenn Sie die Compiler-Option (*$L PRINTER:*) als erste Zeile vor das Programm setzen. Anstelle PRINTER: können Sie auch CONSOLE: wählen.
Mehr über Fehlerbehandlungen lesen Sie in den Handbüchern zum Apple Pascal /33..36/.
Einen derartigen RUN-TIME-ERROR erhalten Sie ebenfalls, wenn Sie z.B. eine Variable der aktuellen Länge 90 einer vordefinierten Stringvariablen der maximalen Länge 80 zuweisen.

Ebenso treten Probleme auf bei Stringvariablen, die in der Parameterliste von Prozeduren (vgl. 3.3) oder von Funktionen (vgl. 4.6.1) definiert werden. Eine Parameterliste mit VAR Strg : STRING; verlangt, daß eine Variable vom Datentyp STRING mit der gleichen Länge übergeben wird.
Ist dies nicht der Fall, erhalten Sie vom Compiler als Fehlermeldung #175: 'Stringlänge des Aktualparameters ist größer als Deklaration'.

Am Programmbeispiel, Bild 6.3, überprüfen Sie dies und schalten als Abhilfe mit der Compiler-Option (*$V-*) den 'Value Range Check' aus /33, 36/.

```
ä---------------------------------------------------------------ü
(*$V-*)
PROGRAM String_Test2;
TYPE  kurz = STRING[5];              (* Stringlänge 5 Zeichen      *)
      lang = STRING[7];              (* Stringlänge 7 Zeichen      *)
VAR  Strg1 : kurz;
     Strg2 : STRING;
ä---------------------------------------------------------------ü
PROCEDURE Proc_LS( VAR LStrg : lang );

(* Benutzen Sie in der Parameterliste nur bereits definierte Daten- *)
(* typen. Vermeiden Sie so Fehlermeldungen im Compiler.             *)

BEGIN
  LStrg := '1234567';
END;   (* Proc_LS *)
ä---------------------------------------------------------------ü
BEGIN
  Proc_LS( Strg1 );

  (* Durch die Compiler-Option (*$V-*) verhindern Sie die Fehler-  *)
  (* meldung #175. Aber Probleme können entstehen: Der aktuellen   *)
  (* Länge der Variablen Strg1 werden 7 Zeichen zugewiesen, obwohl *)
  (* der Platz nur 5 Zeichen groß ist.                             *)

  Strg2 := 'So ist es manchmal !';
  WRITELN( 'String1 : ',Strg1 );
  Proc_LS( Strg2 );
  WRITELN( 'String2 : ',Strg2 );
END.   (* String_Test2 *)
ä---------------------------------------------------------------ü
```

Bild 6.3

Überprüfen Sie in einem Testlauf dieses Programm. Richtig: Sie erhalten auf dem Bildschirm für den String1 '12345S' und für den String2 '1234567'.

Betrachten wir uns noch das Ergebnis beim Compilieren, wenn die Compiler-Option (*$V-*) nicht eingefügt wird, Bild 6.4.

```
ä-----------------------------------------------------------------ü
  2  1  1:D    1   (*$L PRINTER:*)
  3  1  1:D    1   PROGRAM String_Test2;
  4  1  1:D    3   TYPE  kurz = STRING[5];
  5  1  1:D    3         lang = STRING[7];
  6  1  1:D    3   VAR  Strg1 : kurz;
  7  1  1:D    6        Strg2 : STRING;
  8  1  1:D   47   ä---------------------------------------------ü
  9  1  2:D    1   PROCEDURE Proc_LS( VAR LStrg : lang );
 10  1  2:0    0   BEGIN
 11  1  2:1    0     LStrg := '1234567';
 12  1  2:0   13   END;   (* Proc_LS *)
 13  1  2:0   26   ä---------------------------------------------ü
 14  1  1:0    0   BEGIN
 15  1  1:1    0     Proc_LS( Strg1 );
)))))) Error # 175
 16  1  1:1    6     Strg2 := 'So ist es manchmal !';
 17  1  1:1   33     WRITELN( 'String1 : ',Strg1 );
 18  1  1:1   74     Proc_LS( Strg2 );
 19  1  1:1   78     WRITELN( 'String2 : ',Strg2 );
 20  1  1:0  119   END.
ä-----------------------------------------------------------------ü
```

Bild 6.4

Vergleichen Sie die Hinweise im Bild 6.2 und die Kommentare im Bild 6.3.

- Welche Stringlänge ist bezogen auf den Speicherplatz die günstigste ?

Aus der Darstellung, Tabelle 6.1, erkennen Sie, daß Sie stets eine ungerade Längenzahl bei der Variablendeklaration in Ihren Programmen einführen sollten. Also merken Sie sich: Ein STRING[2] verbraucht soviel Speicherplatz wie ein STRING[3], da 1 Byte immer für die Angabe der aktuellen Länge gebraucht wird.

Apple Pascal arbeitet nur mit Wortlängen von 2 Byte für 1 Wort, z.B.

	Wort 1		Wort 2	
	Byte	Byte	Byte	Byte
STRING[2]	L	+	+	-
STRING[3]	L	+	+	+

Tabelle 6.1

- Was ermöglicht ein Indizieren der Stringvariablen ?

Da der Datentyp STRING eine Sonderform des PACKED ARRAY OF CHAR ist, können sie durch Indizieren der Stringvariablen jedes einzelne Zeichen ansprechen. Beispielsweise erhalten Sie nach den Anweisungen:

```
Strg := 'Apple Pascal';
WRITE( Strg[8] );
```

ein 'a' auf dem Bildschirm. Hierbei wird ab 1 gezählt, denn im nullten Feldelement ist die aktuelle Länge des Strings abgelegt. Der Zugriff auf Null oder auf eine Zahl außerhalb der aktuellen Länge führt zum RUN-TIME-ERROR 'Value Range Error' /33, 36/.

- Welche Möglichkeiten haben Sie nun, um den Inhalt einer Stringvariablen zu beeinflussen ?

Sie beeinflussen die Stringvariablen durch

- Zuweisen einer Stringkonstanten ('string constant', vgl. Bild 2.14) oder einer anderen Stringvariablen, z.B.:

```
KapTitel := 'Zeichenketten, Stringverarbeitung';
Name     := KapTitel;
```

- Benutzen der READ-Anweisung (vgl. 4.8), z.B. READLN(KapTitel); oder
- Sie manipulieren Zeichenketten mit Hilfe eingebauter Standardroutinen.

6.2 Standardroutinen zur Textverarbeitung

6.2.1 Standardfunktionen

Standardfunktionen des Datentyps STRING und deren Syntaxdiagramme (Bilder 6.5 und 6.8) sind:

- WRITELN(LENGTH(Strg);

Für den String Strg := 'Textverarbeitung'; wird der Integerwert '16' als Länge des Strings angegeben.

built - in function - integer valued

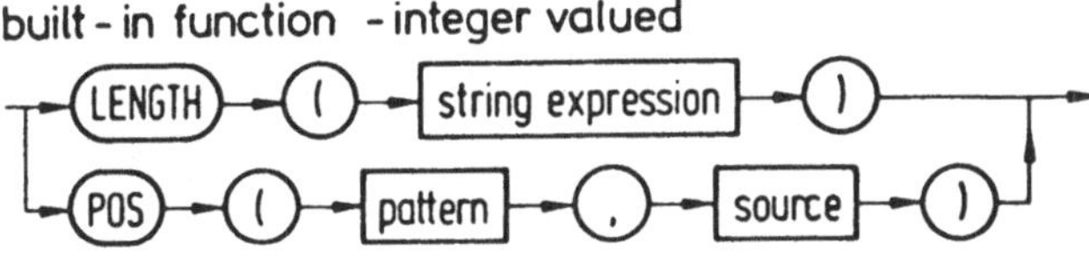

Bild 6.5

Wie auch das Beispiel zu der Standardfunktion LENGTH zeigt, wird für den Stringausdruck ('string expression', Bild 6.6) eine Stringkonstante ('string constant', vgl. Bild 2.14) oder eine Stringvariable ('string variable') eingeführt.

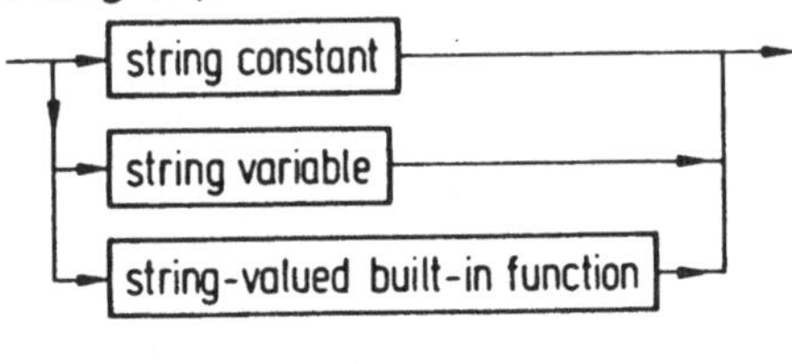

Bild 6.6

- WRITELN(POS(Substrg, Strg);

Der Suchstring Substrg := 'arbeit'; hat sein erstes Zeichen, d.h. seine Position als Integerwert, im String Strg := 'Textverarbeitung'; an der Position 15.

Die in der Standardfunktion genannten Strings ('pattern' bzw. 'source') werden auf den Stringausdruck ('string expression') bezogen, Bild 6.7.

Bild 6.7

Die einzigen Funktionen, die als Funktionswert einen String liefern, sind:

- WRITELN(CONCAT(Strg1, Strg2, Strg3, Strg4, 'tasche.'));

Mit Strg1 := 'Dies ';, Strg2 := 'ist '; Strg3 := 'eine '; und dem weiteren Teilstring Strg4 := 'Hand'; wird 'Dies ist eine Handtasche.' ausgedruckt. Diese Routine fügt Teilstrings zu einem String zusammen.
Beachten Sie: die verketteten Strings dürfen insgesamt nicht länger als 255 Zeichen sein. Ist der gesamte String länger als 255 Zeichen, erhalten Sie einen RUN-TIME-ERROR.

- WRITELN(COPY(Strg, Index, Zaehler));

Aus dem String Strg := 'EINE ERFOLGREICHE SACHE.'; erhalten Sie ab der Position Index := 6; und der Zaehler := 6; den Teilstring 'ERFOLG' ausgedruckt.

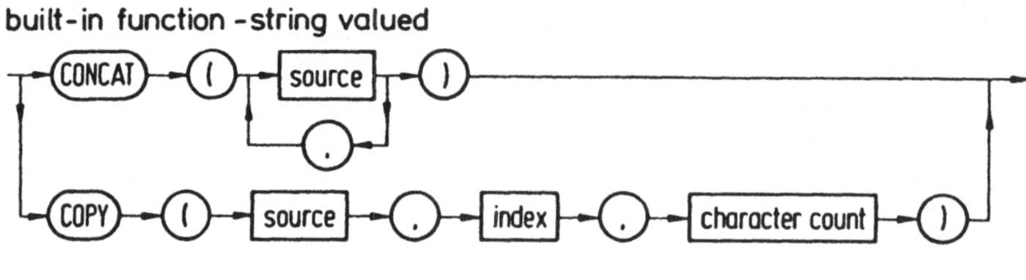

Bild 6.8

Aus den Beispielen erkennen Sie, daß es sich bei dem Index ('index') und dem Zähler ('character count') um arithmetische Ausdrücke ('arithmetic expression', vgl. Bild 4.23) handelt.

6.2.2 Standardprozeduren

Standardprozeduren des Datentyps STRING und deren Syntaxdiagramme (Bild 6.9) sind:

- WRITELN(INSERT(Substrg, Strg, Index));

Einen Teilstring Substrg := 'ket'; in einen String Strg := 'Zeichente'; ab der mit Index := 8; genannten Position einfügen. Der vollständige String heißt 'Zeichenkette'.

- WRITELN(DELETE(Strg, Index, Zaehler));

Aus einem String Strg := 'Fehleranmeldung'; werden ab der gewünschten Position Index := 7; die Zeichen der Zaehler := 2; gelöscht. Ausgedruckt erhalten Sie nun 'Fehlermeldung'.

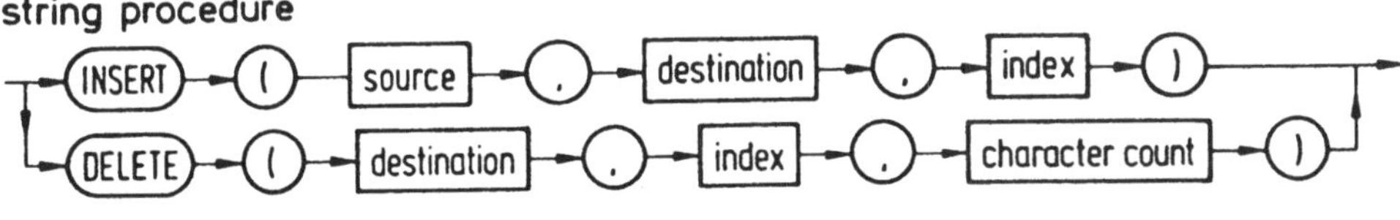

Bild 6.9

In einigen Übungen benutzen Sie diese Standardroutinen. Lösungsvorschläge sind unter A1: Programm-Beispiele zu finden.

Übung 6.1

Aufgabe:

Entwickeln Sie ein Programm zum Eingeben einer Zeichenkette, die zeichenweise nebeneinander, untereinander oder diagonal über den Bildschirm verteilt ausgegeben wird. Setzen Sie entsprechend viele Blanks zum Trennen und Anordnen der Zeichen ein. Beenden Sie das wiederholte Ausführen des Programms durch (RETURN) nach der Eingabe-Aufforderung.

Hinweis:

In diesem Programm verwenden Sie z.B. einen FOR-Strukturblock wie folgt:

```
FOR i := 1 TO LENGTH( strg ) DO WRITELN( strg [i]  );
```

▷ Übung 6.2

Aufgabe:

Entwickeln Sie ein Programm, mit dem Sie eine eingegebene Zeichenkette mit jeder Ausgabezeile um je ein Zeichen vermindern.

Teilaufgaben:

- Die Zeichenkette ist nach einer Eingabe-Aufforderung einzugeben.
- Die eingegebene Zeichenkette ist um je ein Zeichen zu vermindern, solange die Zeichenkette mehr als Null Zeichen enthält.
- Der Programmablauf ist solange auszuführen, bis der Benutzer nach der Eingabe-Aufforderung mit (RETURN) beendet.

6.3 Zusammenfassende Darstellung

In dem 6.Kapitel werden Ihnen zu dem im Apple Pascal eingebauten Standard-Datentyp STRING einige Hinweise gegeben. Neben der vordefinierten Stringlänge von maximal 80 Zeichen können Sie Stringvariable unterschiedlicher Länge vereinbaren. Vor dem Arbeiten mit diesem Standard-Datentyp sei Ihnen empfohlen, dieses Kapitel durchzuarbeiten. Lesen Sie besonders die Antworten zu einigen Fragen.

An einigen Beispielen erfahren Sie die Wirkung dieser mit maximal 80 Zeichen vorgegebenen oder maximal bis 255 Zeichen variierbaren Stringlänge. Hierzu werden auftretende Fehlermeldungen diskutiert, wobei die Möglichkeiten der Anzeige und des Vermeidens durch entsprechende Compiler-Optionen besprochen werden. Neben dieser kurzgefaßten Einführung sollten Sie weitere Informationen den Manuals entnehmen /33..36/.

Damit die Textverarbeitung auch für Sie von Nutzen ist, werden Ihnen die Standardroutinen hierfür vorgestellt, die Sie in den Übungen anwenden sollen. Bestimmt setzen Sie diese Standardroutinen bei Ihrer Programmierarbeit ein. Die Lösungsvorschläge im Kapitel A1 Programm-Beispiele sollen Sie dazu anregen.

Anhang

Anhang A1 Programm-Beispiele

Bei diesen Programm-Beispielen handelt es sich vorwiegend um Lösungsvorschläge zu den Übungen. Zum schnellen Auffinden wurde die in den Kapiteln gewählte Kennung beibehalten, d.h. die Kennzeichnung Übung 1.1 bedeutet: 1.Kapitel, 1.Übung.

Kapitel 1 Der Einstieg in das Trainingsbuch

Übung 1.1

Mit dieser Übung lernen Sie das Formatieren von Disketten.

Übung 1.2

Dies sind einige Übungen mit dem Filer. Eine kurzgefaßte Zusammenstellung der Befehle finden Sie im Kapitel A2: Betriebssystem.

Übung 1.3

Sie erlernen das Starten und Anwenden von bereits übersetzten (compilierten) Programmen. Hier wird das Service-Programm 'CALC.CODE' von den Apple Pascal Disketten /32/ (APPLE3:) verwendet.

Übung 1.4

Mit dieser Übung lernen Sie das Starten und Anwenden des Sortier- und Grafikprogramms 'TREE.TEXT' kennen. Diese Textdatei finden Sie ebenfalls auf der System-Diskette APPLE3: /32/.

Übung 1.5

In dieser Übung erhalten Sie einen Text, der den Editor und seine Aufgaben beschreibt. Sollten Sie die Diskette PAKUDA1: (PAscal KUrs DArmstadt) besitzen, holen Sie den Textfile EDI.DOC.TEXT in den Editor und gehen stufenweise vor. Ist dies nicht der Fall, dann arbeiten Sie im Editor und lesen gleichzeitig diesen Text als Arbeitsanleitung.

Der EDITOR und seine Aufgaben - eine kurzgefaßte Übung zum Einarbeiten

---

Sonderzeichen und Sondertasten

Der Editor ist dafür ausgelegt, daß einige Aktionen durch Sondertasten ausgelöst werden. Auf der Apple-Tastatur gibt es aber nur vier Sondertasten. Die erwarteten Sondertasten müssen deshalb durch Sonderzeichen belegt werden. Sie erhalten diese, wenn Sie das Zeichen gemeinsam mit der gedrückten CRTL-Taste eingeben. Dies sind die verwendeten Sondertasten und ihre Umsetzung:

(Pfeil rechts)	diese Taste ist vorhanden
(Pfeil links)	diese Taste ist vorhanden
(Pfeil hoch)	CRTL O
(Pfeil runter)	CRTL L
(RETURN)	diese Taste ist vorhanden
(DEL) Delete	CRTL X
(BS) Backspace	(Pfeil links)
(ESC) Escape	diese Taste ist vorhanden
(ETX) End of Text	CRTL C

Grundprinzipien

Das Arbeiten mit dem Editor erfordert immer wieder folgende Tätigkeiten:
1 Positionieren Sie den Cursor an die Stelle, die Sie bearbeiten wollen.
2 Wählen Sie aus den angebotenen Aktionen die aus, mit der Sie arbeiten wollen. Welche Aktionen möglich sind, sehen Sie in der obersten Zeile, der Promptzeile. Zur Auswahl drücken Sie nur den Anfangsbuchstaben der Aktion.
3 Arbeiten Sie mit der ausgewählten Aktion.
4 Beenden Sie die Aktion mit (ETX) regulär oder mit (ESC), wenn Sie den Zustand vor 2 wieder herstellen (d.h. die Aktion rückgängig machen) wollen.
5 Machen Sie weiter bei 1.

Der Cursor

Er zeigt Ihnen immer die aktuelle Position in Ihrem Text. Alle Aktionen

gehen von dieser Position aus. Der Cursor wird hauptsächlich mit den Pfeiltasten (oder ihrer Ersatz-CRTL-Taste) bewegt. Nach rechts und links können Sie den Cursor nicht über den Anfang und das Ende einer Zeile hinausbewegen. Sie kommen dann automatisch in die nächste oder vorhergehende Zeile. Der Cursor ist immer innerhalb des Bildschirms positioniert. Würden Sie durch Bewegen des Cursors in eine Zeile gelangen, die nicht auf dem Bildschirm angezeigt ist, wird durch Veränderung des Bildschirms dafür gesorgt, daß die Zeile, die den Cursor enthält, auch angezeigt wird.
Der Cursor kann auch mit der (RETURN)-Taste bewegt werden. Dabei geht der Cursor in die erste Position der nächsten Zeile. Ob die nächste Zeile in Richtung auf das Textende oder auf den Textanfang liegt, können Sie durch die Pfeiltasten mit dem '>' und dem '<'-Symbol bestimmen ('>' zum Textende, vorwärts; '<' zum Textanfang, rückwärts).
In der Promptzeile, ganz links, erinnert Sie eines dieser Symbole daran, was Sie als letztes gedrückt haben.

Einfügen

Drücken Sie I für I(nsert und geben Sie Ihren Text ein. Er wird genau an dieser Stelle zwischen den bestehenden Text gefügt. Tippfehler beheben Sie mit (BS) oder (DEL)-Taste.
Beenden Sie das Einfügen mit (ETX). Mit (ESC) machen Sie das gegenwärtige Einfügen rückgängig.

Löschen

Drücken Sie D für D(elete. Dann bewegen Sie den Cursor in der gewohnten Weise über den Text, den Sie löschen wollen. Beenden Sie das Löschen mit (ETX) oder (ESC).
Drücken Sie D für D(elete. Dann bewegen Sie den Cursor in der gewohnten Weise über den Text, den Sie löschen wollen. Beenden Sie das Löschen mit (ETX) oder (ESC) mit der üblichen Bedeutung. (Der Abschnitt über Löschen steht hier zweimal, damit Sie ihn zur Übung einmal löschen können. Probieren Sie es !)

Kopieren

Sie können ein anderes Text-File in Ihren Text hineinkopieren. Drücken Sie dazu C für C(opy und dann F für F(ile. Sie werden nun in der Promptzeile nach einem Filenamen gefragt. Bevor Sie aber antworten, legen Sie die Diskette mit Ihrem Kopier-File in ein Laufwerk. Dann geben Sie den Namen Ihres Kopier-Files an (Beenden Sie Ihre Antwort mit (RETURN)). Der Editor sucht nun in allen Laufwerken das bezeichnete File und kopiert es genau an die Stelle des Cursor in Ihren Text ein. Dann erscheint die Meldung:

BE SURE ORIGINAL SYSTEM.EDITOR DISK IS IN SAME DRIVE: [RETURN TO CONTINUE]

Ihr File ist nun kopiert, und Sie sollten nun wieder die ursprünglichen Disketten in die jeweiligen Laufwerke einlegen. Dann drücken sie (RETURN), und das Kopieren ist beendet.
Zur Übung kopieren Sie bitte den zweiten Teil diese Textes hierher. Das File heißt 'PAKUDA1:L1.EDITOR1.TEXT'.
Und zur Wiederholung löschen Sie diese Übungsanweisung. Vielen Dank !

Verlassen des Editors

Wenn Sie des Edierens müde sind, schalten Sie Ihren Apple bitte nicht einfach aus. Alles was Sie bisher eingegeben haben, ist bis jetzt nur im Hauptspeicher, und Ihre Arbeit wäre umsonst, wenn Sie es nicht vorher auf die Diskette zurückschreiben könnten. Drücken Sie deshalb Q für Q(uit.
Sie haben nun fünf Aktionen zur Auswahl. Sie wählen Sie wie immer durch Drücken des Anfangsbuchstabens:

U(pdate ist der normale Weg, wenn Sie ein Programm geschrieben haben. Das UCSD-Betriebssystem ist nun darauf vorbereitet, dieses File zu übersetzen und auszuführen.
E(xit benutzen Sie, wenn Sie nichts verändert (oder eingefügt) haben oder wenn Sie versehentlich Ihren Text so zerstört haben, daß Sie wieder von vorn anfangen wollen (oder müssen). Die alte Version Ihres Files ist noch vorhanden.
R(eturn heißt, daß Sie den Editor nicht verlassen und weiter edieren wollen.
W(rite und S(ave benutzen Sie, wenn Sie einen 'normalen' Text (z.B. einen Brief) zu bearbeiten haben. W(rite, wenn Sie Ihren Text in einen neuen File abspeichern, S(ave, wenn Sie ihn im gleichen File abspeichern wollen.

Auf die Frage 'Purge old ...' antworten Sie aus Sicherheitsgründen besser mit N für N(o. Danach können Sie beruhigt E für E(xit drücken. Ihr File ist nun auf die Diskette geschrieben worden.

Nun sind Sie am Ende dieser Übung angekommen. Sie können den Editor verlassen. Da Sie dieses Textfile durch einige Übungen verbessert haben, sollten Sie es auf Ihrer Arbeits-Diskette unter dem Namen 'EDIT.TEXT' abspeichern.

Viel Erfolg hierbei wünschen Ihnen die Autoren.

L1.EDITOR1.TEXT als Ergänzung zum Textteil: EDI.DOC.TEXT

Suchen

Der Editor kann für Sie eine Zeichenkette, einen String, suchen. Drücken Sie dazu F für F(ind. Dann geben Sie den Suchstring (das Muster, was Sie suchen wollen) ein. Damit der Editor weiß, wo der Suchstring anfängt und wo er endet, müssen Sie den String mit '/' einschließen ('/' heißt in dieser Funktion Delimiter). Der Editor findet den Suchstring nur, wenn er als Wort vorkommt. Ist er nur Teil eines Wortes, so wird er nicht gefunden. Ist der Suchstring gefunden, wird der Cursor auf das Ende des gefundenen Strings positioniert.
Wenn Sie mehrmals hintereinander den gleichen String suchen wollen, müssen Sie den Suchstring nicht jedesmal neu definieren. Nachdem Sie den Suchstring einmal definiert haben, geben Sie die folgenden Male an seiner Stelle einfach s für s(ame eine. Das Suchkomando arbeitet nun mit dem zuletzt definierten Suchstring. Das Suchkomando kann während der Eingabe immer durch (ESC) abgebrochen werden.
Beispiel:
Sie wollen das Wort AUTO suchen. Als Suchstring geben Sie nun /AUTO/ ein. Der Cursor wird nun hinter das Wort AUTO gesetzt, das als nächstes in Ihrem Text vorkommt. Kommt AUTO nur als Teil eines Wortes vor, z.b. in AUTOMOBIL, wird es nicht gefunden.

Einrücken

Drücken Sie A für A(djust. Nun können Sie die Einrückung der Zeilen verändern. Mit den Tasten (Pfeil rechts) und (Pfeil links) verschieben Sie die Zeile jeweils um eine Spalte. Mit den Tasten (Pfeil hoch) (CRTL O) und (Pfeil runter) (CRTL L) verschieben Sie die nächste Zeile soweit, wie Sie die letzte Zeile verschoben haben.

Aufgabe: Rücken Sie nun bitte den letzten Absatz um drei Zeichen nach links. So erkennen Sie sehr schnell die Wirkung dieses Befehls in Zusammenarbeit mit den Tasten (Pfeil hoch) und (Pfeil runter).

Blättern

Durch Drücken von P für P(age wird der Cursor eine Seite (23 Zeilen) weiter positioniert. Ob nach vorn oder hinten, wird wie bei (RETURN) durch das ' '- oder ' '-Symbol bestimmt.

Verschieben von Textteilen

Für das Verschieben von Textteilen (Textteile sind z.B. Sätze, Abschnitte, Prozeduren) gibt es keine spezielle Aktion im Editor. Es läßt sich aber leicht durch das Zusammenwirken der Aktionen Löschen und Kopieren, die uns schon bekannt sind, bewirken.
Verschieben Sie Textteile nach folgender Methode:
1 Löschen Sie das Textteil, das Sie verschieben wollen. Beenden Sie das Löschen ganz normal mit (ETX).
2 Bewegen Sie nun den Cursor an die Stelle, an der Sie das gerade gelöschte Textteil wieder einfügen wollen.
3 Drücken Sie nun 'C' für Copy und 'B' für Buffer. Das gerade gelöschte Textteil, wird nun hier wieder eingefügt.

Nach dem Löschen war der gelöschte Text noch nicht endgültig verschwunden. Er wurde im Buffer, einem besonderem Speicher, noch aufgehoben und konnte so durch die C(opy B(uffer-Aktion wieder an einer von Ihnen gewünschten Stelle in Ihr Textfile eingefügt werden.

Aber ACHTUNG: Beachten Sie genau die Anleitung. Führen Sie besonders zwischen 1 und 3 nur Cursor-Positionierungen aus. Auch andere Aktionen benutzen den Buffer und können seinen Inhalt zerstören.

Als Übung schlagen wir Ihnen vor, diesen Abschnitt zwischen die Abschnitte Kopieren und Suchen zu verschieben.

Mit dieser Anleitung zum Arbeiten mit dem Editor erhielten Sie einen ersten Einstieg in dieses Textverarbeitungssystem. Bedenken Sie: In Zukunft verwenden Sie dieses System auch für Ihre Korrespondenz. So erlernen Sie den Befehlssatz, um beim Codieren Ihrer Programme so richtig fit zu sein.

Kapitel 2 Aufbau einfacher Programme

Übung 2.1

```
ä--------------------------------------------------------------ü
PROGRAM L2_Graf1; USES TURTLEGRAPHICS;
BEGIN
  INITTURTLE;      (* Grafik initialisieren, Turtle in Bildmitte   *)
  PENCOLOR(WHITE);(* Turtle-Farbe wählen, Filzstift kann zeichnen *)
  MOVE(100);       (* Turtle um 100 Bildpunkte  bewegen            *)
  TURN(120);       (* Turtle im Gegen-Uhrzeigersinn um 120  drehen *)
  MOVE(100);
  TURN(120);
  MOVE(100);
  TURN(120);       (* Turtle in Ausgangsposition drehen            *)
  PENCOLOR(NONE); (* Turtle-Anzeige ausschalten                   *)
  READLN;          (* Nun wartet das Programm solange, bis sie     *)
                   (* (RETURN) drücken.                            *)
END.   (* L2_Graf1 *)
ä---------------------------------------------------------------ü
```

Übung 2.2

Aus Platzgründen werden einige Lösungsvorschläge nur ausschnittsweise wiedergegeben, wenn vorhergehende Übungen bereits entsprechende Anweisungsfolgen oder Steuerkonstrukte enthalten. Das Konzept der Übungen im Pascal-Kurs basierte darauf, daß ausgehend von einem ausgetesteten Programm weitere Elemente oder Konstrukte einzuarbeiten waren.

```
ä-----------------------------------------------------------------------ü
PROGRAM L2_Graf2; USES TURTLEGRAPHICS;
BEGIN
  :
  (* Anweisungsfolge entsprechend PROGRAM L2_Graf1;                      *)
  :
  MOVETO( 50,60 );  (* Position des Titels auf dem Bildschirm          *)
  WSTRING( 'Gleichseitiges Dreieck' );(* Titel des Grafik-Bildes       *)
  READLN;
END.  (* L2_Graf2 *)
ä-----------------------------------------------------------------------ü
```

Kapitel 3 Programme über das Blockkonzept strukturieren

Musterprogramm

```
ä-----------------------------------------------------------------------ü
(* Beispiel für ein Programm in einfache Unterprogramme aufgliedern *)

PROGRAM L3_Graf1A;       (* neuen (identifier) eingeben: 'L3_Triangl' *)
USES TURTLEGRAPHICS;     (* wird auch hier benötigt *)

(* Unterprogramm einarbeiten, das ein Dreieck zeichnen soll. Syntax-
   diagramm, Bild 3.3, beachten.                                     *)

PROCEDURE onetriangle; (* Anweisungsfolge für ein Dreieck            *)
BEGIN
  PENCOLOR(WHITE);       (* Turtle-Farbe wählen, Turtle in Bildmitte *)
  MOVE(100);             (* translatorisch bewegen, Strecke := 100   *)
  TURN(120);             (* rotatorisch bewegen,    Winkel  := 120   *)
  MOVE(100);
  TURN(120);
  MOVE(100);
  TURN(120);             (* Turtle in Ausgangsposition drehen        *)
  PENCOLOR(NONE);        (* Turtle-Anzeige ausschalten               *)
END;  (* onetriangle *)

(* Anweisungsteil zum PROGRAM L3_Graf1A; schließt an.                 *)
```

```
(* Fortsetzung von PROGRAM L3_Graf1A;                                *)
BEGIN
  INITTURTLE;              (* Grafik initialisieren                   *)
  onetriangle;             (* 'PROCEDURE' erstmalig vom Hauptprogramm  *)
                        (* aus aufrufen, Bezeichner als Prozedur-Aufruf *)
  MOVETO( 30,40 );
  onetriangle;
  READLN;                  (* Nun wartet das Programm solange, bis sie  *)
                           (* (RETURN) drücken. *)
END.   (* L3_Graf1A *)
       (*  ^ Kommentare, die das Programm überschaubarer und          *)
       (*               lesbarer  machen sollen.                      *)
ä---------------------------------------------------------------------ü
```

Übung 3.1

```
ä-------------------------------------------------------------------ü
(* Beispiel für Programm in einfache Unterprogramme aufgliedern *)
PROGRAM L3_Triangl; USES TURTLEGRAPHICS;

PROCEDURE weiter;
BEGIN
  MOVETO( 1,1 ); WSTRING( ') ( Weiter mit (RETURN) ...' );
  MOVETO( 2,1 ); READLN;
END;   (* weiter *)

(* PROCEDURE onetriangle;  entsprechend PROGRAM L3_Graf1A;          *)
BEGIN
  INITTURTLE;             (* Grafik initialisieren                  *)
  onetriangle;            (* Prozedur erstmalig gerufen             *)
  weiter;
  MOVETO( 30,40 );        (* andere Position auf dem Bildschirm     *)
  onetriangle;
  MOVETO( 50,160 ); WSTRING( 'T r i a n g l e s' );
  weiter;
END.   (* L3_Triangl *)
ä---------------------------------------------------------------------ü
```

Übung 3.2

```
ä-----------------------------------------------------------------ü
PROGRAM L3_Triang2; USES TURTLEGRAPHICS;

(* PROCEDURE weiter;  und  PROCEDURE onetriangle;  aus dem          *)
(* PROGRAM L3_Triang1;  (vgl. Übung 3.1)                            *)

BEGIN
  INITTURTLE;           (* Grafik initialisieren                    *)
  onetriangle;          (* Prozedur-Aufruf                          *)
  weiter;
  MOVETO( 30,40 );      (* Ausgangsposition des zweiten Dreiecks    *)
  TURN( 20 );           (* Turtle um Winkel := 20 drehen            *)
  onetriangle;
  weiter;
  MOVETO( 130,40 );
  TURN( 45 );
  onetriangle;
  MOVETO( 50,160 );
  WSTRING( 'Triangles moved and turned' );
  weiter;
END.   (* L3_Triang2 *)
ä-----------------------------------------------------------------ü
```

Übung 3.3

```
ä-----------------------------------------------------------------ü
PROGRAM L3_Triang3; USES TURTLEGRAPHICS;

PROCEDURE weiter;
BEGIN
  MOVETO( 1,1 ); WSTRING( ') ( Weiter mit (RETURN) ...' );
  MOVETO( 2,1 ); READLN;
END;   (* weiter *)

(* Fortsetzung auf folgender Seite                                *)
```

```
(* Fortsetzung von PROGRAM L3_Triang3;                           *)

PROCEDURE onetriangle( Strecke : INTEGER );
                      (* Formalparameter Strecke vom Datentyp INTEGER *)
BEGIN
  PENCOLOR( WHITE );    (* Turtle-Farbe wählen, Turtle in Bildmitte   *)
  MOVE( Strecke );      (* translatorisch bewegen,                    *)
  TURN( 120 );          (* rotatorisch bewegen,    Winkel  := 120     *)
  MOVE( Strecke );
  TURN( 120 );
  MOVE( Strecke );
  TURN( 120 );          (* Turtle in Ausgangsposition drehen          *)
  PENCOLOR( NONE );     (* Turtle-Anzeige ausschalten                 *)
END;   (* onetriangle *)

BEGIN
  INITTURTLE;           (* Grafik initialisieren                      *)
  onetriangle( 80 );   (* Prozedur-Aufruf mit Aktualparameter, beim   *)
                       (* Aufruf dem Formalparameter zugewiesen wird  *)
  weiter;
  MOVETO( 30,40 );     (* Ausgangsposition des zweiten Dreiecks       *)
  TURN( 20 );          (* Turtle um Winkel := 20 drehen               *)
  onetriangle( 20 );
  weiter;
  MOVETO( 130,40 );
  TURN( 45 );
  onetriangle( 40 );
  weiter;
  MOVETO( 20,160 );
  WSTRING( 'Triangles moved, turned and reduced' );
  weiter;
END.   (* L3_Triang3 *)
ä----------------------------------------------------------------ü
```

Übung 3.4

```
ä-------------------------------------------------------------------ü
PROGRAM L3_String1;
BEGIN
  WRITE( CHR( 12 ));
  WRITE( 'Guten Abend,' );
  WRITE( ' ','Ihr alle vor dem Bildschirm.' );
  WRITELN;                          (* Cursor geht in die nächste Zeile *)
  WRITE( 'Guten Abend,' );
  WRITELN( ' das ist die Demonstration' );
  WRITELN( '               einer Programmausführung !' );
  GOTOXY( 0,6 );
  WRITELN( 'Dies ist eine Anweisungsfolge mit den ' );
  WRITELN( 'Prozedur-Anweisungen:' );
  WRITELN( '                     -  (WRITE) und (WRITELN),' );
  GOTOXY( 22,10 );
  WRITELN( '-  (GOTOXY)');
  WRITELN;
  WRITELN('                      -  (PAGE) oder');
  GOTOXY( 22,16 );
  WRITELN( '-  WRITE( CHR( 12 ));' );

  GOTOXY( 0,22 );
  WRITE( ') ( Weiter mit (RETURN) ...' );
  GOTOXY( 1,22 );
  READLN;
  PAGE( output );
END.  (* L3_string1 *)
ä-------------------------------------------------------------------ü
```

Sie erkennen, wie aufwendig es ist, die Anweisungen nacheinander anzuordnen und diese Anweisungen sequentiell abzuarbeiten.

Deshalb sind Sie schon nach dieser Übung sofort aktiv und gestalten das Programm so um, daß eine Prozedur mit den Parametern x- und y-Koordinate sowie der unterschiedlichen Zeichenkette (Stringkonstante) zum modularen Aufbau und zum effektiveren Arbeiten führt.

Übung 3.5

```
ä-------------------------------------------------------------------------ü
PROGRAM L3_String2;

PROCEDURE postring( x,y : INTEGER; strg : STRING );
BEGIN
  GOTOXY( x,y ); WRITE( strg );
END;    (* postring *)

PROCEDURE continue;
BEGIN
  postring( 0,22,') ( Weiter mit (RETURN) ...' );
  GOTOXY( 1,22 ); READLN;
END;    (* continue *)

PROCEDURE pagone;
BEGIN
  WRITE( CHR( 12 ));
  postring( 20,2,'Guten Abend,' );
  postring( 20,4,'Ihr alle vor dem Bildschirm !' );
  postring( 1,6,'Das ist die Demonstration ' );
  postring( 26,8,'einer Programmausführung.' );
  postring( 1,10,'Dies ist eine Anweisungsfolge mit den ' );
  postring( 1,12,'Prozedur-Anweisungen:' );
  postring( 22,14,'-  (WRITE) und (WRITELN),' );
  postring( 22,16,'-  (GOTOXY)' );
  postring( 22,18,'-  (PAGE) oder' );
  postring( 22,20,'-  WRITE( CHR( 12 ));' );
END;    (* pagone *)

PROCEDURE pagtwo;
BEGIN
  WRITE( CHR( 12 ));
  postring( 10,6,'... und dies mit Prozeduren, die' );
  postring( 10,10,'    vom Anwender definiert werden.' );
END;    (* pagtwo *)
```

```
(* Anweisungsteil zum PROGRAM L3_String2;                *)
BEGIN
  pagone;
  continue;
  pagtwo;
  continue;
  WRITE( CHR( 12 ));
END.   (* L3_String2 *)
ä--------------------------------------------------------------------ü
```

Kapitel 4 Einfache benutzerdefinierte Anweisungen

Übung 4.1

```
ä--------------------------------------------------------------------ü
(* Programm mit Variablendeklaration und Wertzuweisungs-Anweisung *)

PROGRAM L4_Triangl; USES TURTLEGRAPHICS;
VAR Strecke,
     Winkel   : INTEGER;   (* Variable gelten im Programm global  *)

(* PROCEDURE weiter;        Programmbeispiele vorheriger Übungen  *)

PROCEDURE onetriangle( Strecke : INTEGER );
                    (* Formalparameter Strecke vom Datentyp INTEGER *)
VAR Winkel : INTEGER;    (* Variable 'Winkel' gilt nur lokal         *)
BEGIN
  Winkel := 120;
  PENCOLOR( WHITE );     (* Turtle-Farbe wählen, Turtle in Bildmitte *)
  MOVE( Strecke );       (* translatorisch bewegen                 *)
  TURN( Winkel );        (* rotatorisch bewegen                    *)
  MOVE( Strecke );
  TURN( Winkel );
  MOVE( Strecke );
  TURN( Winkel );        (* Turtle in Ausgangsposition drehen      *)
  PENCOLOR( NONE );      (* Turtle-Anzeige ausschalten             *)
END;   (* onetriangle *)
```

```
BEGIN
  INITTURTLE;           (* Grafik initialisieren                          *)
  Strecke := 20;       (* Variable erhält Integer-Konstante zugewiesen *)
  Winkel  := 45;
  onetriangle( 4 * Strecke ); (* Prozedur-Aufruf mit Aktualparameter  *)
  MOVETO( 30,40 );      (* Ausgangsposition des zweiten Dreiecks        *)
  TURN( Winkel - 25 ); (* Turtle um Winkel := 20 drehen               *)
  onetriangle( Strecke ); MOVETO( 130,40 ); TURN( Winkel );
  onetriangle( 2 * Strecke );
  MOVETO( 20,160 ); WSTRING( 'Triangles moved, turned and reduced' );
  weiter;
END.   (* L4_Triangl *)
ä-----------------------------------------------------------------ü
```

Übung 4.2

```
ä-----------------------------------------------------------------ü
(* Beispiele für Variablen-Vereinbarung, Wertzuweisungs-Anweisung *)

PROGRAM L4_Demo1;
VAR  i,j,k           : INTEGER; (* Variable vom Datentyp INTEGER       *)
       r,s,
       flaeche,                 (* ä und ü klammern Kommentare         *)
       t           : REAL;      (* Variable vom Datentyp REAL          *)
       c1,c2       : CHAR;      (* Variable vom Datentyp CHAR          *)
       nachricht,
       s1          : STRING;    (* Variable vom Datentyp STRING        *)

PROCEDURE titel;
BEGIN
  WRITE(CHR(12));
  WRITELN( '-----------------------------------------------' );
  WRITELN( 'Beispiele für 'assignment statements' mit Variablen' );
  WRITELN( '-----------------------------------------------' );
  WRITELN;
END;   (* titel *)

(* PROCEDURE weiter;  wie im Programm der Übung 3.1                *)
```

```
(* Fortsetzung von PROGRAM L4_Demo1;                                    *)

PROCEDURE zeige_integer;
BEGIN
  titel;
  WRITELN( 'vom Standard-Datentyp INTEGER' );
  WRITELN( 'Zuweisung:  i := 0;   j := 1;    k := i;' );
  i := 0;
  j := 1;   (* aber nicht j := 1.0 *)
  k := i;
  WRITELN( 'Ergebnis:   i := ',i,'    j := ',j,'     k := ',k );
  weiter;
END;   (* zeige_integer *)

PROCEDURE zeige_real;
BEGIN
  titel;
  WRITELN( 'vom Standard-Datentyp REAL' );
  WRITELN( 'Wertzuweisung:  r := 1.0;          s := 3.5;' );
  r := 1.0;
  s := 3.5;
  WRITELN( 'Ergebnis:       r := ',r,'    s := ',s );
  WRITELN( 'Wertzuweisung:  s := -1234567.8;    t := -1.2345678E6;' );
  s := -1234567.8;
  t := -1.2345678E6;
  (* s und t sollten gleich sein, aber nachsehen kann nie schaden *)
  WRITELN( 'Ergebnis:       s := ',s,'     t := ',t);
  WRITELN( 'Wertzuweisung:  s := 0.5;             t := 5E-1;' );
  s := 0.5;
  t := 5E-1;
  WRITELN( 'Ergebnis:       s := ',s,'    t := ',t);
  WRITE( 'Variablen-Zuweisung:  flaeche := r; ' );
  flaeche := r;
  WRITELN( ' ==) Fläche := ',flaeche:2 );   (* formatierte Ausgabe *)
  weiter;
END;   (* zeige_real *)
```

```
PROCEDURE zeige_char;
BEGIN
  titel;
  WRITELN( 'vom Standard-Datentyp CHAR' );
  WRITELN( 'Zuweisung:  c1 := ''A'';    c2 := ''!''; ' );
  c1 := 'A';
  c2 := '!';
  WRITELN( 'Ergebnis:   c1 := ',c1,'       c2 := ',c2 );
  c1 := c2;
  WRITELN( 'Variablen-Zuweisung:  c1 := c2; := ',c1 );
  weiter;
END;    (* zeige_char *)

PROCEDURE zeige_string;
BEGIN
  titel;
  WRITELN( 'vom Standard-Datentyp STRING (Apple Pascal)' );
  WRITELN( 'Zuweisung:  nachricht := ''Das ist eine gute Nachricht '';' );
  nachricht := 'Das ist eine gute Nachricht ';
  s1 := nachricht;
  WRITELN( 'Zuweisung: s1 := nachricht;     == ',s1 );
  WRITE( 'Ein String als Folge von Char -) c1 := nachricht[5];  ==   ' );
  c1 := nachricht[5];   (* Hoffentlich ist c1 = 'i' *)
  WRITELN( c1 );
  WRITE( 'nachricht[28] := ''.''              == ' );
  nachricht[28] := '.';         (* Jetzt 'Das ist eine gute Nachricht.' *)
  WRITELN(nachricht);           (* Kontrolle ist besser!                *)
  WRITE( 'nachricht[28] := c2;            == ' );
  nachricht[28] := c2;  (* Jetzt 'Das ist eine gute Nachricht!' *)
  WRITELN(nachricht);   (* Kontrolle ist besser!                *)
  WRITE( 'c1 := nachricht[j];             == ' );
  c1 := nachricht[j]; (* j hatte den Wert 1, das erste Zeichen  *)
                      (* von Nachricht sollte ein 'D' sein,     *)
                      (* also sollte c1 = 'D' sein, oder nicht? *)
  WRITE('nachricht[',j,'] := ''',c1 );  (* Sehen Sie mal nach ! *)
  WRITELN( '''' );
  weiter;
END;   (* zeige_string *)
```

```
(* Anweisungsteil zum PROGRAM L4_Demo1;                             *)
BEGIN
  zeige_integer;
  zeige_real;
  zeige_char;
  zeige_string;
  WRITE(CHR(12));
END.   (* L4.Demo1 *)
ä-----------------------------------------------------------------ü
```

Übung 4.3

```
ä-----------------------------------------------------------------ü
(* Beispiele für Wertzuweisungs-Anweisungen mit arithmetischen     *)
(* Ausdrücken ('expression')                                       *)

PROGRAM L4_Demo3;
VAR i,j,k,rest      : INTEGER;     (* Standard-Datentyp *)
    r,s,x,y,
    flaeche,umfang : REAL;         (* Standard-Datentyp *)

PROCEDURE titel;
BEGIN
  WRITELN( CHR( 12 ));
  WRITELN( '-----------------------------------------------------' );
  WRITELN( ' Beispiele für arithmetische Ausdrücke ('expression') ' );
  WRITELN( '-----------------------------------------------------' );
  WRITELN;
END;   (* titel *)

PROCEDURE weiter;
Begin
  gotoxy( 0,22 ); WRITELN( ') ( Weiter mit (RETURN) ... ' );
  GOTOXY( 1,22 ); READLN;
END;   (* weiter *)
```

```
PROCEDURE kreis;
BEGIN
  titel;
  WRITELN( 'Umfang und Fläche eines Kreises berechnen' );
  WRITELN;
  r := 3.5;              (* Wertzuweisung *)
  flaeche := r * r * 3.1415;
  umfang := 2 * r * 3.1415;
  WRITELN( 'Flaeche := r * r* 3.1415;' );
  WRITELN( 'Umfang  := 2 * r * 3.1415;' );
  WRITELN( 'Vorgabe  -) Radius:   ',r:9:2 );
  WRITELN( 'Ergebnis -) Umfang    ',umfang:9:2 );
  WRITELN( '             Fläche    ',flaeche:9:2 );
  weiter;
END;   (* kreis *)

PROCEDURE formell;
BEGIN
  titel;
  x := 1.5;
  y := 1.2;
  s := 4 * SQR(x+y) / (x-y);   (* Ausdruck in PASCAL - Schreibweise *)
  WRITELN( 'Vorgabe  -) X := ',x,'      Y := ',y );
  WRITELN( 'Ergebnis -) S := ',s );
  weiter;
END;   (* formell *)

PROCEDURE DIV_MOD;
BEGIN
  titel;
  j := ( 3 * 3 ) + ( 2 * 2 );            (* Ergebnis:  j := 13 *)
  i := 5 - (( -3 * 3 ) + 10 );           (* Ergebnis:  i := 4  *)
  WRITELN( 'k    := j DIV i;   und   rest := j MOD i;' );
  k    := j DIV i;
  rest := j MOD i;
  WRITELN( 'Zusammenhang  -) ',j,' / ',i,' := ',k,' Rest ',rest );
  weiter;
END;   (* DIV_MOD *)
```

```
PROCEDURE formel2;
BEGIN
  titel;
  x := 0.00003;
  WRITELN( 'Vorgegebender Zahlenwert:        x := ',x );
  s := (( 1 + x ) * ( 1 + x ) - 1 ) / x;
  WRITELN( '(( 1 + x ) * ( 1 + x ) - 1 ) / x := ',s);
  s := (( 1 + 2 * x + x * x ) - 1 ) / x;
  WRITELN( '(( 1 + 2 * x + x * x ) - 1 ) / x := ',s);
  s := ( 2 * x + x * x ) / x;
  WRITELN( '( 2 * x + x * x ) / x            := ',s);
  s := 2 + x;
  WRITELN( '2 + x                            := ',s);
  weiter;
END;   (* formel2 *)

BEGIN
  kreis;
  formel1;
  divmod;
  formel2;
  WRITE( CHR( 12 ));
END.   (* L4_Demo3 *)
ä-----------------------------------------------------------------ü
```

Übung 4.4

```
ä-----------------------------------------------------------------ü
PROGRAM Berechne_Dreieck;  USES TRANSCEND;
CONST Seite = 50;
VAR   Strck : INTEGER;

PROCEDURE ProcUmfang( Strecke : INTEGER );
VAR   Umfang : INTEGER;
BEGIN
  Umfang := 3 * Strecke;
  WRITELN( 'Der Umfang beträgt:                ',Umfang:9,' mm' );
END;   (* ProcUmfang *)
```

```
(* Fortsetzung von PROGRAM Berechne_Dreieck;                              *)
PROCEDURE ProcFlaeche( Strecke : INTEGER );
VAR  Hoehe,
     Flaeche : INTEGER;
BEGIN
  Hoehe    := TRUNC( SQRT(3/4 * Strecke * Strecke) );
  Flaeche  := TRUNC( 1/2 * Strecke * Hoehe );
  WRITELN( 'Die Hoehe des Dreiecks beträgt:     ',Hoehe:9,' mm' );
  WRITELN( 'Die Flaeche beträgt:                ',Flaeche:9,' mm^2' );
END;   (* ProcFlaeche *)

BEGIN
  Strecke := Seite;
  WRITELN( 'Seite des gleichseitigen Dreiecks: ',Strecke:9,' mm' );
  ProcUmfang( Strck );
  ProcFlaeche( Strck );
END.   (* Berechne_Dreieck *)
ä------------------------------------------------------------------ü
```

Übung 4.5

```
ä------------------------------------------------------------------ü
PROGRAM L4_Kreis1;
CONST Titel  = 'Umfang und Fläche eines Kreises berechnen';
      Strich = '-----------------------------------------';

VAR   r, u, a  : REAL;

PROCEDURE R_Eingabe;              (* Titel- und Eingabemodul *)
BEGIN
  WRITE( CHR( 12 ));
  WRITELN( Titel );
  WRITELN( Strich );
  WRITE( 'Radius (REAL) eingeben: ' );
  READLN( r );
  WRITELN;
  WRITELN( 'Radius r := ',r:8:2,' in mm' );
END;   (* R_Eingabe *)
```

```
(* Fortsetzung von PROGRAM L4_Kreis1;                                   *)
PROCEDURE Berechne( Radius : REAL ); (* Berechnungsmodul                *)
CONST PI = 3.14159;

       FUNCTION Umfang( Rad : REAL ): REAL;
       BEGIN
         Umfang := 2 * PI * Rad;
       END;   (* Umfang *)

       FUNCTION Flaeche( Rad : REAL ): REAL;
       BEGIN
         Flaeche := PI * Rad * Rad;
       END;   (* flaeche *)

BEGIN
  u := Umfang( radius );
  a := Flaeche( radius );
END;  (* Berechne *)

PROCEDURE Ausgabe( r, u, a : REAL );  (* Ausgabemodul                   *)
BEGIN
  WRITELN;
  WRITELN('Radius  r := ',r:8:2,' in mm' );
  WRITELN('Umfang  u := ',u:8:2,' in mm' );
  WRITELN('Fläche  a := ',a:8:2,' in mm^2' );
END;   (* ausgabe *)

BEGIN
  Eingabe;
  Berechne( r );
  Ausgabe( r,u,a );
END.   (* L4_Kreis1 *)
ä-----------------------------------------------------------------ü
```

Kapitel 5 Strukturierte Anweisungen

Übung 5.1

```
ä-----------------------------------------------------------ü
PROGRAM L5_Kreis_Eingabe;
CONST Titel  = 'Umfang und Fläche eines Kreises berechnen';
      Strich = '----------------------------------------';

VAR   r, u, a  : REAL;

PROCEDURE R_Eingabe;              (* Titel- und Eingabemodul *)
BEGIN
  WRITE( CHR( 12 ));
  WRITELN( Titel );
  WRITELN( Strich );
  WRITE( 'Radius (REAL) eingeben: ' );
  READLN( r );
  IF r = 0
  THEN EXIT( PROGRAM )
  ELSE BEGIN
         WRITELN;
         WRITELN( 'Radius r := ',r:8:2,' in mm' );
       END;
END;    (* R_Eingabe *)

(* Berechnungs- und Ausgabemodul von PROGRAM L4_Kreis1;          *)

BEGIN
  Eingabe;
END.   (* L5_Kreis_Eingabe *)
ä-----------------------------------------------------------ü
```

Hinweis: Wird das Programm um die Berechnungs- und Ausgabemoduln ergänzt, dann sind im Anweisungsteil des Hauptprogramms die Prozeduraufrufe einzuarbeiten.

Übung 5.2

```
ä-----------------------------------------------------------------ü
PROGRAM Auswahl;
VAR m : INTEGER;

PROCEDURE Jahreszeit( Monat : INTEGER );
BEGIN
  CASE ( Monat MOD 12 ) DIV 3 OF
      1 : WRITE( 'Frühling' );
      2 : WRITE( 'Sommer  ' );
      3 : WRITE( 'Herbst  ' );
      0 : WRITE( 'Winter  ' );
    END;
END;   (* Jahreszeit *)

BEGIN
  WRITE( CHR( 12 ));
  WRITELN( 'In welcher Jahreszeit liegt der Monat ?' );
  WRITELN;
  WRITELN( '----------------------------------------' );
  WRITELN;
  WRITE( 'Monatszahl eingeben: ' );
  READ( m );
  WRITELN;
  WRITELN( '----------------------------------------' );
  WRITE( 'Jahreszeit: ' );
  Jahreszeit( m );
END.   (* Auswahl *)
ä-----------------------------------------------------------------ü
```

Vielleicht wollen Sie das PROGRAM Auswahl; wiederholt ausführen. Dann ergänzen Sie den Anweisungsteil durch einen Schleifen-Konstrukt.
Z.B. REPEAT ...... UNTIL m = 99;

Viel Erfolg dabei.

Übung 5.3

```
ä---------------------------------------------------------------ü
(* Anweisungsteil von PROGRAM L4_Kreis1;                       *)

BEGIN
  Eingabe;
  WHILE Radius <>0
  DO BEGIN
       Berechne( r );
       Ausgabe( r,u,a );
       Eingabe;
     END;
END.   (* L5_Kreis2 *)
ä---------------------------------------------------------------ü
```

ÜBUNG 5.4

```
ä---------------------------------------------------------------ü
(* Anweisungsteil von PROGRAM L4_Kreis1;                       *)

BEGIN
  FOR i := 1 TO 10
  DO BEGIN
       Eingabe;
       Berechne( r );
       Ausgabe( r,u,a );
     END;
END.   (* L5_Kreis3 *)
ä---------------------------------------------------------------ü
```

Für die tabellarische Ausgabe der Rechenwerte von Radius, Umfang und Fläche ist der Ausgabemodul von PROGRAM L4_Kreis1; so zu ergänzen, daß die Spalten und Zeilen durch Linien voneinander getrennt sind und die Tabelle eine Titelleiste hat.

Übung 5.5

```
ä-------------------------------------------------------------------ü
PROGRAM L5_Kreis; USES TRANSCEND, TURTLEGRAPHICS;
VAR
    r : REAL;
ä-------------------------------------------------------------------ü
PROCEDURE weiter;
BEGIN
  GOTOXY( 0,22 );
  WRITE( ') ( Weiter mit (RETURN) ...' );
  GOTOXY( 1,22 );
  READLN;
END;   (* weiter *)
ä-------------------------------------------------------------------ü
PROCEDURE R_Eingabe;
BEGIN
  WRITELN( 'Umfang und Fläche eines Kreises berechnen' );
  WRITELN( '-----------------------------------------' );
  WRITELN;
  WRITE( 'Radius eingeben: ' );
  READLN( r );
  IF r = 0
  THEN EXIT( PROGRAM )
  ELSE BEGIN
         WRITELN( 'Der Radius beträgt: ',r:8:2,' in mm' );
         weiter;
       END;
END;   (* R_Eingabe *)
ä-------------------------------------------------------------------ü
PROCEDURE GrafKreis( rad : REAL );
CONST
      xmax       = 279;   (* maximale x Koordinate *)
      ymax       = 191;   (* maximale y Koordinate *)
      xCenter    = 148;   (* xmax DIV 2 *)
      yCenter    =  95;   (* ymax DIV 2 *)
      maxRadius  =  95;   (* ymax DIV 2 *)
   VAR   x, xKoor, y, yKoor, Radius : INTEGER;
```

```
ä----------------------------------------------------------------------ü
PROCEDURE Koor_Eingabe( Radius : INTEGER );
BEGIN
  WRITELN( 'Kreis auf der Grafikseite zeichnen' );
  WRITELN( '----------------------------------' );
  WRITELN;
  WRITELN( 'Xmax := 279, xCenter := Xmax DIV 2' );
  WRITELN( 'Ymax := 191, yCenter := Ymax DIV 2' );
  WRITELN;
  WRITELN( 'Einzugebende X-,Y-Koordinaten sind auf' );
  WRITELN( 'die Center-Koordinaten zu beziehen.    ' );
  WRITELN;
  WRITE( 'x-Koordinate : ' ); READLN( xKoor );
  WRITE( 'y-Koordinate : ' ); READLN( yKoor );
  WRITELN;
  WRITELN( 'Aufruf von Kreis( ',xKoor,', ',yKoor,', ',Radius,' )' );
  GOTOXY( 0,23 );
  WRITE( ') ( (GRAFMODE) wählen, dann weiter mit (RETURN) ...' );
  GOTOXY( 1,23 ); READLN;
END;   (* Koor_Eingabe *)
ä----------------------------------------------------------------------ü
PROCEDURE Kreis( x, y, Radius : INTEGER );
(* Kreis um die X-, Y-Koordinaten zeichnen *)
CONST pi     = 3.14159265;
VAR   n, Durchm : INTEGER;
      Winkel    : REAL;
BEGIN
  Durchm := 2 * Radius;
  MOVETO( x + Radius, y );
  PENCOLOR( WHITE );
  FOR n := 1 TO Durchm
  DO BEGIN
       Winkel := 2 * pi * ( n / Durchm );
       MOVETO( TRUNC( Radius * COS( Winkel ) + x ),
               TRUNC( Radius * SIN( Winkel ) + y ));
     END;
  PENCOLOR( NONE );
END;   (* Kreis *)
```

```
ä---------------------------------------------------------------------ü
BEGIN
  Radius := TRUNC( rad );
  Koor_Eingabe( Radius );
  INITTURTLE;
  x := xCenter + xkoor;
  y := yCenter + ykoor;
  Kreis( x, y, Radius );
  MOVETO( 1,1 ); WSTRING( ') ( Weiter mit (RETURN) ...' );
  READLN;
END;   (* GrafKreis *)
ä---------------------------------------------------------------------ü
PROCEDURE Berechne( Radius : REAL );
VAR pi : REAL;
   ä-----------------------------------------------------------------ü
   PROCEDURE Umfang;
   VAR Umfang : REAL;
   BEGIN
     pi     := 3.14159;
     Umfang := 2 * Radius * pi;
     WRITELN( 'Der Umfang beträgt: ',Umfang:9:2,' mm' );
   END;  (* umfang *)
   ä-----------------------------------------------------------------ü
   PROCEDURE Flaeche;
   BEGIN
     pi := 3.14159;
     WRITELN( 'Die Fläche beträgt: ',Radius * Radius * pi:9:2,' mm^2' );
   END; (* Flaeche *)
   ä-----------------------------------------------------------------ü
BEGIN (* Berechne *)
  Umfang;
  Flaeche;
END; (* Berechne *)
ä---------------------------------------------------------------------ü
PROCEDURE weiter;
BEGIN
  GOTOXY( 0,22 );
  WRITE( ') ( Weiter mit (RETURN) ...' );
  GOTOXY( 1,22 );
```

```
  READLN;
END;   (* weiter *)
ä---------------------------------------------------------------------ü
BEGIN
  WRITE( CHR( 12 ));
  R_Eingabe;
  GrafKreis( r );
  WRITE( CHR( 12 ));
  Berechne( r );
  weiter;
  WRITE( CHR( 12 ));
  GOTOXY( 5,5 );
  WRITELN('Das war''s ... !'); (* Am Ende meldet sich das Programm ab *)
END.   (* L5_Kreis *)
ä---------------------------------------------------------------------ü
```

Kapitel 6 Zeichenketten, Stringverarbeitung

Übung 6.1

```
ä---------------------------------------------------------------ü
PROGRAM String_Zeichen;
VAR i    : INTEGER;
    strg : STRING;

PROCEDURE weiter;
BEGIN
  WRITE( CHR( 12 ));
  GOTOXY( 0,22 ); WRITELN( ') ( Weiter mit (RETURN)...' );
  GOTOXY( 1,22 ); READLN;
END;   (* weiter *)

BEGIN
  PAGE( output );
  WRITELN( 'Eine Zeichenkette (STRING) eingeben: ' );
  WRITELN;
  READLN( strg );
```

```
  FOR i := 1 TO LENGTH( strg )
  DO WRITELN( strg [i] ;  (* Zeichen senkrecht untereinander *)
  weiter;
  FOR i := LENGTH( strg ) DOWNTO 1
  DO WRITELN( strg [i]  : i );  (* Zeichen diagonal von hinten  *)
                                (* nach vorn, Blanks durch die  *)
                                (* Formatierung vor den Zeichen *)
  weiter;
END.   (* String_Zeichen *)
ä-----------------------------------------------------------------ü
```

Übung 6.2

```
ä-----------------------------------------------------------------ü
PROGRAM String_Keil;
VAR strg : STRING;
BEGIN
  PAGE( output );
  WRITELN( 'Eingegebene Zeichenkette mit jeder Zeile vermindern' );
  WRITELN;
  WRITELN( 'Eine Zeichenkette eingeben: ');
  WRITELN;
  READLN( strg );
  WRITELN( strg );
  WHILE LENGTH( strg ) > 0
  DO BEGIN
       DELETE( strg, 1, 1 );
       WRITELN( strg );
     END;
  END.   (* String_Keil *)
  ä---------------------------------------------------------------ü
```

Die Übungen zum Kapitel 6 stellten einen Einstieg in die verschiedenen Möglichkeiten zur Stringverarbeitung dar. Sie dienen Ihnen zur weiteren Anregung.

Viel Spaß bei Ihrer Programmierarbeit.

A2 Betriebssystem

Die verschiedenen Kommandos des Editors sind bereits mit der Übung 1.5 behandelt (vgl. A1: Programm-Beispiele). Hier nur noch eine zusammenfassende Darstellung des Filers (Diskettenverwaltungs-Menue) und seiner Kommandos:

Informations-Kommandos

- E(xtended Directory List: Inhalt einer Diskette mit ihrem Namen und dem Inhalt, der Größe, Position und Art der Dateien auflisten;
- L(ist Directory: Einfaches Auflisten des Inhalts einer Diskette;
- V(olumes: Umfang der angeschlossenen Geräte und deren Nummer (on-line) angeben;

Allgemeine Datei-Kommandos

- C(hange: Name einer Diskette oder Datei ändern (umbenennen);
- K(runch: Dateien auf der Diskette umsortieren oder freien Raum an einer Stelle konzentrieren;
- M(ake: Datei mit angegebenen Platzbedarf einrichten;
- R(emove: Datei aus dem Inhaltsverzeichnis (Directory) löschen;
- Z(ero: Diskette völlig löschen, neuer Name;

Arbeitsdatei-Kommandos

- G(et: Gewählte Datei laden und in die Arbeitsdatei speichern (Suffix .TEXT wird automatisch angehängt);

- N(ew Arbeitsdatei löschen (SYSTEM.WRK);

- S(ave Arbeitsdatei mit neuem Namen sichern;

- W(hat Namen und Status der Arbeitsdatei angeben;

Transport-Kommandos

- T(ransfer Dateien zu gewähltem Gerät (CONSOLE:, PRINTER: oder auf eine ander Diskette) übertragen;

Diskettentest-Kommandos

- B(ad Blocks Diskettensektoren (280) nach Beschädigungen untersuchen, Fehler anzeigen;

- X(amine Defekte Blocks auf der Diskette markieren;

Sonstige Kommandos

- D(ate Datum der Diskette zeigen, aktuelles Datum eingeben. Nach Bearbeitung einer Datei erhält sie automatisch dieses Datum;

- P(refix Name des Prefix-Volumes ändern (z.B. Kann #5: als Prefix gewählt werden, so daß stets auf die Disketten in diesem Laufwerk zugegriffen wird.);

- Q(uit Filer verlassen und zur Haupt-Kommandozeile zurückkehren.

A3 Programm-Bibliothek

Die folgende Übersicht zeigt die Dateien der SYSTEM.LIBRARY /32/, die so durch das Service-Programm LIBMAP.CODE (System-Diskette APPLE3:,/32/) betrachtet und ausgedruckt werden kann.

```
ä-------------------------------------------------------------------ü
LIBRARY MAP FOR *SYSTEM.LIBRARY

(C) APPLE COMPUTER INC 1979, 1980 (C) U.C.REGENTS 1979

Segment #30:
System version = 3.0, code type is 6502
LONGINTI  library unit (LINKED INTRINSIC)

  TYPE DECMAX = INTEGER[36];
        STUNT = RECORD CASE INTEGER OF
                  2:(W2:INTEGER[4]);
                  3:(W3:INTEGER[8]);
                  4:(W4:INTEGER[12]);
                  5:(W5:INTEGER[16]);
                  6:(W6:INTEGER[20]);
                  7:(W7:INTEGER[24]);
                  8:(W8:INTEGER[28]);
                  9:(W9:INTEGER[32]);
                 10:(W10:INTEGER[36])
                END;

PROCEDURE FREADDEC(VAR F: FIB; VAR D: STUNT; L: INTEGER);
PROCEDURE FWRITEDEC(VAR F: FIB; D: DECMAX; RLENG: INTEGER);
---------------------------------------------------------------------
Segment #31:
System version = II.1, code type is Undefined
PASCALIO  library unit (LINKED INTRINSIC)

PROCEDURE FSEEK(VAR F: FIB; RECNUM: INTEGER);
PROCEDURE FREADREAL(VAR F: FIB; VAR X: REAL);
PROCEDURE FWRITEREAL(VAR F: FIB; X: REAL; W, D: INTEGER);
```

```
-----------------------------------------------------------------
Segment #28:
System version = 3.0, code type is P-Code (least sig. 1st)
CHAINSTU  library unit (LINKED INTRINSIC)

PROCEDURE SETCHAIN(TYTLE:STRING);
PROCEDURE SETCVAL(VAL:STRING);
PROCEDURE GETCVAL(VAR VAL:STRING);
PROCEDURE SWAPON;
PROCEDURE SWAPOFF;
-----------------------------------------------------------------
Segment #29:
System version = 3.0, code type is P-Code (least sig. 1st)
TRANSCEN  library unit (LINKED INTRINSIC)

FUNCTION SIN(X:REAL):REAL;
FUNCTION COS(X:REAL):REAL;
FUNCTION EXP(X:REAL):REAL;
FUNCTION ATAN(X:REAL):REAL;
FUNCTION LN(X:REAL):REAL;
FUNCTION LOG(X:REAL):REAL;
FUNCTION SQRT(X:REAL):REAL;
-----------------------------------------------------------------
Segment #22:
System version = 3.0, code type is 6502
APPLESTU  library unit (LINKED INTRINSIC)

FUNCTION PADDLE(SELECT: INTEGER): INTEGER;
FUNCTION BUTTON(SELECT: INTEGER): BOOLEAN;
PROCEDURE TTLOUT(SELECT: INTEGER; DATA: BOOLEAN);
FUNCTION KEYPRESS: BOOLEAN;
FUNCTION RANDOM: INTEGER;
PROCEDURE RANDOMIZE;
PROCEDURE NOTE(PITCH,DURATION: INTEGER);
-----------------------------------------------------------------
```

```
Segment #20:
System version = II.1, code type is 6502
TURTLEGR  library unit (LINKED INTRINSIC)

TYPE
  SCREENCOLOR=(none,white,black,reverse,radar,
               black1,green,violet,white1,black2,orange,blue,white2);

PROCEDURE INITTURTLE;
PROCEDURE TURN(ANGLE: INTEGER);
PROCEDURE TURNTO(ANGLE: INTEGER);
PROCEDURE MOVE(DIST: INTEGER);
PROCEDURE MOVETO(X,Y: INTEGER);
PROCEDURE PENCOLOR(PENMODE: SCREENCOLOR);
PROCEDURE TEXTMODE;
PROCEDURE GRAFMODE;
PROCEDURE FILLSCREEN(FILLCOLOR: SCREENCOLOR);
PROCEDURE VIEWPORT(LEFT,RIGHT,BOTTOM,TOP: INTEGER);
FUNCTION  TURTLEX: INTEGER;
FUNCTION  TURTLEY: INTEGER;
FUNCTION  TURTLEANG: INTEGER;
FUNCTION  SCREENBIT(X,Y: INTEGER): BOOLEAN;
PROCEDURE DRAWBLOCK(VAR SOURCE; ROWSIZE,XSKIP,YSKIP,WIDTH,HEIGHT,
                    XSCREEN,YSCREEN,MODE: INTEGER);
PROCEDURE WCHAR(CH: CHAR);
PROCEDURE WSTRING(S: STRING);
PROCEDURE CHARTYPE(MODE: INTEGER);
------------------------------------------------------------------
Segment #21:
System version = II.1, code type is P-Code (least sig. 1st)
TURTLEGR  data segment
------------------------------------------------------------------
```

Wie Sie an den Segmenten #20 und #21 erkennen, sind dies die Grafik-Routinen, die weitgehend in diesem Trainingsbuch für die Grafikprogramme verwendet werden. Für weitere Details über diese Units verweisen wir auf das Handbuch /36/.

A4 Standard-Routinen des Apple Pascal

In dieser Zusammenstellung erhalten Sie einen Auszug der Standardfunktionen und Standardprozeduren des Apple Pascal. Wollen Sie sich umfangreicher informieren, dann lesen Sie im Manual/33..36/ mehr darüber.

Eingabe- und Ausgaberoutinen

```
PROCEDURE READ( FILEID, SOURCE );
PROCEDURE READLN( FILEID, SOURCE );
PROCEDURE WRITE( FILEID, SOURCE );
PROCEDURE WRITELN( FILEID, SOURCE );
PROCEDURE PAGE( FILEID );

FUNCTION EOF( FILEID ): BOOLEAN;
FUNCTION EOLN( FILEID ): BOOLEAN;
```

Diese Routinen wurden an unterschiedlichsten Stellen des Buchs verwendet. Zur Erläuterung: FILEID spricht den 'file identifier' an. Er muß bei Apple Pascal nicht angegeben werden. Ansonsten ist es: 'input' oder 'output'.

Stringroutinen

```
PROCEDURE DELETE( DESTINATION : STRING; INDEX, SIZE : INTEGER );
PROCEDURE INSERT( SOURCE, DESTINATION : STRING; INDEX : INTEGER );

FUNCTION LENGTH( SOURCE : STRING ): INTEGER;
FUNCTION POS( PART, SOURCE : STRING ): INTEGER;
FUNCTION CONCAT( SOURCE1,..,SOURCEn : STRING ): STRING;
FUNCTION COPY( SOURCE : STRING; INDEX, SIZE : INTEGER ): STRING;
```

Diese Routinen wurden im Kapitel 6 besprochen. Dort sind weitgehend auch die Begriffe der Parameterliste genannt. Andererseits sprechen die Begriffe im vorliegenden Zusammenhang auch für sich.

Literaturverzeichnis

1 Alletsee,R., Schmidt,K.-D. und M.Zeller: PASCAL-Praktikum. Teil 1: Lernprogramm. Teil 2:Katalog. Berlin, München: Siemens-Verlag 1984.

2 Althöfer,U.: Computergerechte Flußdiagramme. Elektronik 14 (1985) 89-92.

3 Beelich,K.H. und H.H.Schwede: Denken, Planen, Handeln. Grundtechniken für zweckmäßiges Lernen und Arbeiten mit vielen Erläuterungen und Anwendungsbeispielen. 3.Auflage. Würzburg: Vogel-Buchverlag 1983.

4 Bowles,K.L.: Pascal für Mikrocomputer. Berlin, Heidelberg, New York: Springer-Verlag 1982.

5 DIN 2330: Begriffe und Benennungen. Berlin: Beuth 1983.

6 DIN 2331: Begriffssysteme und ihre Darstellung. Berlin: Beuth 1980.

7 DIN 66001: Informationsverarbeitung. Sinnbilder und ihre Anwendung. Berlin: Beuth 1983.

8 DIN 66256: Programmiersprache Pascal. Berlin: Beuth 1983.

9 Dormolen, J.van: Didaktik der Mathematik. Braunschweig: Vieweg 1978.

10 Engel,A.: Elementarmathematik vom algorithmischen Standpunkt. Stuttgart: Klett 1977.

11 Heubach,F.: Strukturierte Programmierung auch bei Mikrocomputern. Elektronik (1970) 113-118.

12 Jensens,K. und N.Wirth: User Manual and Report. New York, Heidelberg, Berlin: Springer-Verlag 1974.

13 Kimm,R. u.a.: Einführung in Software Engineering. Berlin, New York: Walter de Gruyter 1979.

14 Koch,G.R.: Systematisches Softwareengineering für Mikrocomputer. Elektronik 8 (1979) Teil 1, 49-56. Teil 2, 72-78.

15 Luehrmann,A. und H.Peckham: APPLE II PASCAL. Eine praktische Anleitung. München: te-wi Verlag 1982.

16 Marty,R.: Methodik der Programmierung in Pascal. Berlin, Heidelberg, New York: Springer-Verlag 1983.

17 Menzel,K.: Elemente der Informatik. Stuttgart: Teubner 1978.

18 Miller,A.R.: Pascal Programme für Wissenschaftler und Ingenieure. Düsseldorf: SYBEX-Verlag 1982.

19 Nassi,I. und B.Shneiderman: Flow chart techniques for structured programming. SIGPLAN Notices 8 (1973) 8, 12-26.

20 Nievergelt,J. und A.Ventura: Die Gestaltung interaktiver Programme. Stuttgart: Teubner 1983.

21 Pahl,G. und W.Beitz: Konstruktionslehre. Handbuch für Studium und Praxis. Berlin, Heidelberg, New York: Springer-Verlag 1977.

22 Pelka,H.: Werkzeuge und Hilfsmittel zur Erstellung von Mikrocomputer-Programmen. Feinwerktechnik & Messtechnik 89 (1981) 5, 248-250. 6, 303-304. 7, 333-339. 90 (1982) 1, 39-43. 2, 85-87. 3, 145-148. 4, 191-194. 5, 254-256. 6, 319-320. 7, 371-372.

23 Polya,G.:Schule des Denkens. Vom Lösen mathematischer Probleme. Bern, München: Francke Verlag 1980.

24 Rieder,P. und M.Stadel: Die Programmiersprache Pascal. Automatisierungstechnische Praxis atp 27 (1985), 435-442.

25 RRZN: Einführung in die Programmiersprache Pascal. Handbuch: Regionales Rechenzentrum für Niedersachsen (RRZN).
Universität Hannover: 7.Aufl. 1984.

26 Swan,T.: Pascal programs for games and graphics.
Rochelle Park, New Jersey: HAYDEN BOOK COMP. 1983.

27 Singer,F.: Programmieren in der Praxis. Stuttgart: Teubner 1980.

28 Wirth,N.: Systematisches Programmieren. Stuttgart: Teubner 1983.

29 Wirth,N.: Algorithmen und Datenstrukturen. Stuttgart: Teubner 1979.

30 Zaks,R.: Einführung in Pascal und USCD Pascal.
Düsseldorf: SYBEX-Verlag 1982.

31 Zech,F.: Grundkurs Mathematikdidaktik. Weinheim, Basel: Beltz 1978.

32 -: Apple Pascal Disketten. apple software bank 1980.
Cupertino, California: Apple Computer 1979.

33 -: Apple Pascal. Language Reference Manual.
Cupertino, California: Apple Computer 1980.

34 -: Apple Pascal. Operating System Reference Manual.
Cupertino, California: Apple Computer 1980.

35 -: Apple II Pascal. Betriebssystem. München: te-wi Verlag 1985.

36 -: Apple II Pascal. Sprache. München: te-wi Verlag 1985.

Sachwortverzeichnis